M000190686

EL HIJO DEL "AJEDRECISTA"

FERNANDO RODRÍGUEZ MONDRAGÓN

COAUTOR: ANTONIO SÁNCHEZ JR.

EL HIJO DEL
"AJEDRECISTA"

EDITORIAL OVEJA NEGRA

QUINTERO EDITORES

1ª edición: septiermbre de 2007
2ª edición: septiembre de 2007
3ª edición: octubre de 2007

© . **Fernando Rodríguez Mondragón, 2007**
elhijodelajedrecista@gmail.com

© **Antonio Sánchez Jr., 2007**
ansanjr@hotmail.com

© **Editorial La Oveja Negra Ltda., 2007**
editovejanegra@yahoo.es
Cra. 14 N°·79 - 17 Bogotá, Colombia

© **Quintero Editores Ltda., 2007**
quinteroeditores@hotmail.com
Cra. 4 N° 66 - 84 Bogotá, Colombia

ISBN: **978-958-06-1097-7**

El texto, las afirmaciones del libro, las fotos, son responsabilidad exclusiva del autor y/o co-autor. Ni el editor, ni el impresor, ni los distribuidores y libreros tienen ninguna responsabilidad por lo escrito en el libro.

Fotos de Gilberto Rodríguez Orejuela en portada, cortesía de *El Tiempo* al autor.

Corrección de pruebas y diagramación: José Gabriel Ortiz A.

Impreso por Editorial Buena Semilla.

Impreso en Colombia - Printed in Colombia

DEDICATORIA

La familia no se escoge,
para fortuna nuestra los amigos sí,
ellos se convierten en nuestros hermanos del alma.

A mi hermano en vida... hoy mi Ángel de la Guarda.

Hay personas que aparecen en el momento indicado en
nuestras vidas para llenarnos de esperanza y alegría.

"El señor es mi pastor, nada me faltará".

A mi amigo, padrino y tío político
Javier Valencia Montoya
... que Dios te tenga por siempre en la Gloria.

A Rydca por darme, en compañía de toda su familia,
ese amor que nunca tuve.

A mis amigos:

Mario Francisco Fernández
Gustavo Álvarez Blandón
Daniel Calvo

*Acuérdate, oh Dios, de tus piedades
y de tus misericordias, que son perpetuas.
De los pecados de mi juventud,
y de mis rebeliones, no te acuerdes;
Conforme a tu misericordia
acuérdate de mí, por tu bondad, oh Dios.*

Salmos 25. 6, 7

CONTENIDO

ANECDOTARIO
ANÉCDOTAS SOBRE MI PADRE

MIS ANÉCDOTAS

ANÉCDOTAS SOBRE PERSONAJES

I. La larga noche
de un viernes 22 de noviembre...

De un momento a otro los dos policías, que estaban trabajando de encubierto, sacaron sus pistolas de dotación y las pusieron frente a la cara de sus interlocutores.

-¡Tírense contra el piso, boca abajo! Rápido, rápido, ordenó uno de los agentes.

Los detenidos obedecieron al instante.

Uno de los agentes gritó hacia la entrada del parqueadero en donde se encontraban y de donde venían más uniformados en carreras.

- ¡Agarren al que está esperándolos afuera!, ¡corran!, ¡corran!

Rápidamente tres agentes salen a la calle, pero ya el sujeto había cruzado a toda prisa la transitada Avenida Novena, a la altura de la Calle 103.

–Se nos voló, mi sargento, dijo a su regreso uno de los que salió a perseguirlo.

* * * * *

Uno de los sometidos vestía de manera muy elegante. Lucía una exclusiva chaqueta de cuero negro, camisa italiana, pantalón Versace y zapatos Gucci. A pesar de la situación, se dirigió al suboficial de manera calmada:

–Vea hermano, yo soy hijo de Gilberto Rodríguez Orejuela no se vaya a envainar. Coja esa vaina y llévesela y no ha pasado nada. No se vaya hacer matar por una maricada.

El policía al oír el tan temido nombre en el mundo del narcotráfico, miró sorprendido a su compañero y a todos los que habían llegado a apoyarlos. Quitó de inmediato la rodilla que tenía sobre la espalda de su detenido, le puso las esposas y lo ayudó a ponerse de pie.

–Quien lo detiene es la Policía Nacional. ¿Cómo se llama usted?, preguntó uno de los agentes, que por sus gestos daba muestras de ser el jefe del grupo.

–Me llamo Fernando Rodríguez Mondragón, soy el hijo mayor de Gilberto Rodríguez Orejuela, de su primer matrimonio, dijo mirando fijamente a los ojos de su interrogador. –Y enseguida agregó– Aquí en el bolsillo interior de mi chaqueta tengo la cédula, mírela.

Un agente se le acercó, abrió su chaqueta, sacó el documento y se lo entregó a su superior, quien empezó a detallarlo. Mientras lo hacía, su elegante detenido se dirigió a él con toda confianza, pero con respeto, como si estuviera hablándole a un socio.

–Vea hermano, esto lo podemos aclarar y arreglar. Subamos a mi apartamento y allá hablamos. Esa droga no es mía.

–Traigan la heroína, gritó la única persona que tenía el uso de la palabra de parte de los agentes.

Cuando la tuvo al frente, la sopesó y se dirigió nuevamente a su 'especial' detenido.

–Aquí hay más de un kilo de heroína.

La regresó a las manos del otro agente y le ordenó.

–Levanten el acta y alisten los carros que nos vamos.

Fernando Rodríguez Mondragón no daba crédito a lo que estaba escuchando. Ya eran más de las cinco de la tarde, tenía para esa noche del viernes 22 de noviembre del 2002 una comida con su novia en casa de unos amigos. Esta incómoda situación, ocasionada por una vieja deuda, lo estaba retrasando. En Cali o en cualquier parte del Valle del Cauca ya esto se hubiese arreglado, pensaba.

A pesar de tener las esposas y de que su traslado a la Dijín (Dirección de Policía Judicial e Investigación) era inminente, pero no sentía miedo. Él sabía que era de apellido Rodríguez, no un Rodríguez cualquiera. Era el primer descendiente del clan Rodríguez Orejuela, lo que le otorgaba cierta estirpe o linaje, que según la familia, debía respetarse en todo el territorio nacional sin importar la situación en que se llegara a encontrar. Ese vital parentesco le daba la confianza para enfrentarse a cualquier autoridad o situación.

Pero había llegado el momento de negociar fuerte si quería salir de este arresto. Él sabía que había heredado la astucia suficiente para igualar o superar a un maestro del bandidaje como lo había sido su padre, el jefe del Cartel de Cali, Gilberto. Pero este nombre así, a secas, no cumplía su intencional objetivo: respeto y miedo. Por ello había que anteponerle una palabrita que amparara las dos mencionadas características: Don. Además, que en el mundo de la mafia ser Don era toda una patente de poder. Por tal razón, lo correcto era don Gilberto. Podían existir en Cali miles de personas llamadas Gilberto, pero don Gilberto era único.

Fernando también había concluido que los encubiertos agentes no sabían a quien iban a detener cuando realizaron la acción, porque de ser así, allí hubiesen estado todos los medios de comunicación, en especial, la televisión, que es la debilidad de la Policía. Algunas veces no se sabe que es más importante si la captura del delincuente o la presencia de las cámaras, reflexionó.

–"Yo tengo sangre de un Rodríguez Orejuela, ya mi papá hubiese arreglado esto… o mi tío Miguel" –pensó.

Entonces se dirigió al suboficial que estaba al mando:

–No vaya a reportar todavía a sus superiores la captura, hablemos en mi apartamento, no despertemos sospechas entre los demás residentes. Dígame cómo arreglamos esto, aún estamos a tiempo. Vos *sabés* que ya está llegando mucha gente y se va a calentar esto. Subamos y cuadramos, no *tenés* porque quitarme las esposas. El agente encubierto le ordenó a su compañero que los vigilara un momento y se alejó unos metros. Metió la mano a uno de sus bolsillos, sacó un teléfono celular y marcó. A los pocos minutos regresó y se presentó.

–Soy el Sargento Zambrano, vamos a su apartamento a esperar al mayor Gómez.

El suboficial llamó a dos agentes a uno le pidió que lo acompañara arriba y al otro le ordenó que le dijera a los demás

15

miembros del equipo que se metieran en los carros y esperaran.

–Retiren a los curiosos, aquí no ha pasado nada.

Luego los dos detenidos y los dos agentes se dirigieron al apartamento 201, de propiedad del detenido, ubicado en el Edificio Pinar I, en la Calle 103 con Cra 9ª de Bogotá. Al entrar estaban en la sala dos familiares de Luisa Fernanda, la novia de Fernando, y la empleada doméstica, quienes se sorprendieron al verlo esposado.

–No se preocupen, váyanse a uno de los cuartos mientras arreglo unas cosas con estos señores –les pidió.

El Sargento Zambrano ordenó a su compañero que se quedara haciendo guardia en la parte de afuera del apartamento. Al quedar sólo en la sala con los dos detenidos procedió a quitarles las esposas. Fernando comenzó a frotarse las muñecas y le preguntó al sargento quién era el mayor Gómez.

–Mi mayor es un duro, es muy rico. Es que así no le vaya a salir con cualquier cosa. Él es un tipo de plata, no vaya usted a ser chichipato. Ya no demora y llega. Mientras esperaban, le solicitó al suboficial que le permitiera ir hasta su cuarto a buscar unos papeles que tenía en la caja fuerte. El Sargento lo acompañó. Recogió los documentos y seis billetes de cien dólares cada uno, que los guardó en uno de los bolsillos del pantalón. En la caja dejó los tiquetes de Avianca, con destino a Cali, que tenían para viajar al día siguiente, él y su novia, para ir al cumpleaños de la hija de Luisa Fernanda.

Como a las 8 y 30 de la noche llegó al parqueadero del edificio una Toyota cuatro puertas. La persona que la conducía se bajó y se dirigió a las escaleras en busca del segundo piso.

A los pocos minutos tocaron en el apartamento de Fernando Rodríguez Mondragón.

El Sargento abrió la puerta. Entró un fornido y alto señor, como de 38 años de edad aproximadamente, de tez blanca, cabello negro, pero al que ya se le podían notar algunas canas. Vestía de manera muy elegante, llevaba un soberbio traje azul, camisa blanca y corbata de seda roja. Tenía muy buenos modales, sus movimientos y gestos eran propios de una persona muy segura.

Después de saludar gentilmente a los detenidos entraron de inmediato al tema que los había reunido allí.

La conversación transcurrió como si estuvieran poniéndose de acuerdo en la escogencia del restaurante a donde irían esa noche a cenar y divertirse con unos amigos. El Mayor preguntó: "Ya tiene los 300 millones, para soltarlos de una vez".

–Bueno esa cantidad de dinero no la tengo aquí en el apartamento, pero déjeme hacer unas llamadas desde mi celular.

El Sargento entendió al instante la mirada que el Oficial le dirigió, se metió la mano a un bolsillo de su chaqueta, sacó los dos celulares que le habían quitado a Fernando al momento de la captura y se los devolvió.

Primero llamó a sus amigos de los 'sanandresitos', ninguno le salió. A esa hora ya debían estar ebrios, ya que los viernes estos comerciantes empiezan a beber desde por la tarde. Luego de varias llamadas logró ponerse de acuerdo con un joyero, apodado 'El Che', éste le dijo que tenía 100.000 dólares en diamantes. Le propone que se los preste para 'pagar una fianza' y que el lunes se los regresa. Su amigo aceptó.

Colgó y le propuso a sus captores ir hasta la joyería.

–La situación es la siguiente, ese dinero no lo hay en efectivo ahora, pero tengo unos diamantes en una joyería que queda en el tercer piso del Centro Comercial Andino. Equivalen a cien mil dólares. Ustedes saben que el dólar está a más de tres mil pesos. Se llevan los diamantes y si quieren el lunes yo se los cambio por los trescientos millones de pesos.

Los policías dudaron un momento, temían una trampa por parte de su arrestado, pero a la vez sabían que la oportunidad de quedarse con esa cantidad de dinero no se presenta todos los días. Trescientos millones de pesos despiertan el apetito de los más escondidos sentimientos de codicia que muchas personas tienen refrenados. Después de discutir un rápido plan, para evitar cualquier fuga, accedieron a ir hasta la Zona Rosa de la Calle 82, ubicada al norte de Bogotá, pero más conocida como la Zona T, en donde está la joyería Sterling.

Salieron en la camioneta cuatro puertas y en un automóvil Matsuri blanco, conducido por el Subteniente Melo. Buscaron el giro que les permitió coger la Carrera Novena en el sentido norte-sur. A varias cuadras lo encontraron y se dirigieron hacia la calle 100.

Al arribar a la glorieta de la 100 con carrera 15, siguieron hacia el oriente por la misma calle en busca de la carrera 11. Al llegar se desviaron a la derecha rumbo a la calle 82.

Pasaron muy despacio por la entrada que el Centro Comercial Andino tiene en la esquina de la carrera 11 con Avenida 82.

El mayor decidió circundar desde los vehículos el edificio para confirmar que todo estaba normal. En el costado norte del Centro Comercial ordenó detenerse. Estaban frente al negocio 'Palos de Moguer'.

Por radioteléfono el oficial pidió que lo acompañaran sólo tres agentes más. De los carros se bajaron lentamente y tratando de no despertar ningún tipo de sospechas salieron en busca de la entrada más cercana. Fernando iba sin las esposas puestas.

Caminaron hasta la entrada número 4 del Andino e ingresaron. Ya en el interior buscaron las escaleras eléctricas. La figura que formaban al caminar era como la de un rombo, con Fernando en el centro. Su desplazamiento por el Centro Comercial se confundía con el de las decenas de personas que a esa hora se encontraban allí.

Al llegar al tercer piso, Fernando les señaló la joyería. Que se encontraba al costado de un parque de juegos infantiles.

Por la mente de Fernando pasó la idea de poder quedar sólo en medio de las dos puertas. Entonces pasaría a la parte posterior de la joyería y sus captores se quedarían afuera, pero los policías, como adivinando sus pensamientos, entraron rápidamente con él. La otra puerta se abrió y siguieron hasta la gerencia. Allí estaba el responsable del negocio esperándolos. La expresión de éste era de angustia, así lo percibió Fernando. Algo estaba mal. La situación iba a empeorar.

—Fernando, hay un problema —expresó con mucha desazón el dueño de la joyería— resulta que la gerente encargada de la clave de la caja fuerte le puso el temporizador y sólo se puede abrir hasta mañana sábado a las 11 de la mañana.

Esta mala noticia no era la que iba a desanimar a Fernando, cogió su celular y llamó a otro amigo. Luego de varios minutos de charla, colgó y se dirigió al comandante de la unidad.

–Hay un amigo que me va a traer un CDT (Certificado de Depósito a Término) por mil millones de pesos. Vos *sabés* que eso da mucha plata mensual. Te lo entrego y el lunes vos lo *regresás* por los trescientos millones. ¿Te parece?

El mayor Gómez empezó a incomodarse con tantos inconvenientes para la entrega de los trescientos millones de pesos. Se giró y se alejó a hablarle en voz baja al Sargento Zambrano. Mientras tanto, Fernando, que no podía escuchar lo que decían, estaba atento a los gestos de asentimiento y negación de los policías que estaban dialogando. En ese momento comenzó a sentir una sensación de soledad y el miedo empezó a invadirlo, el desarrollo de los acontecimientos no era el esperado. Hubo un instante que pensó en salir corriendo y empezar a gritar que lo estaban secuestrando, pero desistió.

El timbre de su celular lo sacó de sus temores. Era su amigo –el tenedor del CDT– dialogó con él. Sus ojos se llenaron de brillo nuevamente como si todo se fuera a solucionar en unos minutos. Interrumpió a los agentes y les dijo:

–Mayor, ya mi amigo está a dos cuadras de aquí. Está buscando donde parquear y trae el CDT.

–Esto se ha enredado mucho –dijo molesto el policía que estaba coordinando las negociaciones– nosotros no queremos nada para el lunes, sino hoy. Ese CDT puede meternos en un lío. Mejor nos lo llevamos a usted y al otro detenido para la Dijín.

–Vea Mayor, aquí no hay ningún problema, el lunes vos *mandás* por tu plata a alguien y me *devolvés* el CDT.

Lo que obtuvo como respuesta Fernando Rodríguez Mondragón fue la orden que el agente dio por el radio teléfono.

–Alisten los carros que ya vamos para allá, nos dirigimos a la base.

Mientras tanto, el otro agente se acercó al detenido y le pidió los dos celulares, pero no lo esposó.

El Oficial ordenó abrir las puertas de seguridad y salieron rápidamente hacia las escaleras eléctricas.

En ese instante el amigo de Fernando llegó. Luego de un rápido y corto saludo le entregó el CDT.

–Gracias, vos no te *preocupés* por el CDT que yo te respondo por él. *Podés* irte que yo estaré bien, yo te llamo más tarde.

Se dieron la mano y el amigo de Fernando se alejó con mucha prisa por otro sector distinto al de las escaleras eléctricas.

Por su parte, los cinco visitantes sí hicieron uso de ellas. Al llegar al primer piso, el Mayor le advirtió:

–No vaya a cometer el error de intentar huir.

Salieron por la misma puerta por donde habían ingresado. El ambiente de alegría que se percibía afuera era el mismo que acompañaba todas las noches de viernes a esta zona de diversión de Bogotá, a donde tantas veces Fernando había ido a tomar, a cenar y a bailar.

Mientras muchas personas se encontraban disfrutando de lo más preciado que se puede tener: la libertad, Fernando iba en camino a perderla… tal vez por mucho tiempo.

De nada sirvieron las más de 60 llamadas que hizo a amigos y familiares, entre las cinco de la tarde, hora en que fue capturado, y las doce y media de la noche, hora en que llegó a la Dijín. Por primera vez la referencia al apellido Rodríguez Orejuela no le sirvió de nada. Al parecer ya ese clan no era respetado, ni intimidaba… pero lo peor era que parecía que hasta el mando habían perdido.

Ya no tenemos el poder de antes, pensó. Por su mente comenzaron a rodar escenas de momentos en los que el sólo mencionar el apellido Rodríguez Orejuela era suficiente para salir de cualquier dificultad con la autoridad que fuese. Se le vino a la mente una en especial, que sucedió con su tío Miguel. A quien también todas las autoridades y personas del Valle del Cauca debían anteponerle la palabra 'Don'.

* * * * *

Miguel Rodríguez Orejuela comenzó esa mañana de marzo de 1995 a escoger las visitas que recibiría ese día y a organizar el traslado a otro de sus escondites, como era su costumbre diaria.

No era usual que pasara, pero ya llevaba más de 72 horas en el apartamento 701 del Edificio Barlovento, el oeste de Cali, en el barrio Juanambú. Él sabía que ya había superado por más de 24 horas el tiempo de permanencia en un mismo sitio. La persecución de las autoridades se había incrementado, lo que lo obligaba a moverse constantemente. Su único equipaje era un portafolio en donde el capo del Cartel de Cali llevaba sus más importantes documentos. 'Mateo', quien hacía las veces de secretario y escolta, transportaba un maletín en donde iba el billete y otros títulos de valor.

Luego de atravesar gran parte de la ciudad, llegaron a una casa que previamente había sido seleccionada por Don Miguel. No llevaban más de una hora allí, cuando más de 20 agentes de la Policía Nacional irrumpieron en el edificio con una orden de captura en su contra.

El oficial que estaba al mando llegó hasta la sala y se acercó al temido capo de las drogas, otros tres uniformados que lo acompañaban se ubicaron estratégicamente en los extremos del apartamento. Aunque el capo estaba indefenso infundía miedo. Era el delincuente más buscado de Colombia y el más apetecido por los Estados Unidos. En la incursión no hubo ni un solo disparo, ninguna detonación. Don Miguel había ordenado no resistir, ni mucho menos responder a bala cualquier operativo de allanamiento en el lugar donde él fuera sorprendido.

La razón era sencilla…porque sin balas no había tiroteo, escándalo, muertos o heridos, así era más fácil negociar cualquier cosa. Además que con los Rodríguez Orejuela siempre se podía arreglar o transar lo que sea. Al amparo del soborno y la intimidación habían afianzado su poder criminal, estos eran los verdaderos cimientos del Cartel para mover todo tipo de conciencias, unas muy éticas y morales; como también otras muy turbias.

—Es usted Miguel Rodríguez Orejuela, preguntó el oficial al mando.

—Sí, yo soy, respondió el capo.

El jefe del Cartel se lo quedó mirando a los ojos y le pidió, 'muy respetuosamente', le informara si había reportado ya la captura.

—No, todavía no lo he hecho.

Los Rodríguez Orejuela nunca fueron a una academia militar ni prestaron el servicio, pero se sabían de memoria todas las insignias de oficiales y suboficiales de la Policía, Ejército, Armada o Fuerza Aérea.

—Vea Coronel, nosotros venimos arreglando nuestra entrega y esta captura no nos hará bien. Porque no cuadramos esto entre usted y yo.

El Oficial ya sabía lo que estaba por venir, por lo que guardó silencio.

—Mateo, *traéme* el maletín, por favor, ordenó el capo sin esperar que el Oficial hiciera ningún comentario.

El Coronel ya estaba convencido de que se iba a dar un 'arreglo'. Entonces tomó su radio teléfono y ordenó a sus hombres, que estaban fuera del edificio, que regresaran a los carros y esperaran discretamente su salida. Al terminar se giró hacia a Don Miguel y le preguntó, aparentemente apenado:

—Cómo cree usted que vamos a arreglar, Don Miguel.

Esta es la conversación que más veces había tenido, y en situaciones similares, el jefe del cartel de Cali, Miguel Rodríguez Orejuela. El asistente a quien se le había encargado traer el maletín ya lo tenía entre sus manos, y se ubicó a un lado del mafioso. Éste lo cogió y sin abrirlo se lo pasó al oficial.

—Aquí hay seiscientos mil dólares que sirven de mucho. Ahora ayúdeme a salir de aquí sin problemas.

A pesar de la discreción ya muchos residentes miraban inquietos por las ventanas el movimiento de los policías.

—Se está calentando la *vuelta* (alusión que se hace a una tarea o misión en el mundo del hampa), comentó el oficial cuando se asomó por una de las ventanas que daba al parqueadero y a otros apartamentos del conjunto residencial.

El Coronel se quedó pensativo mirando a uno de los policías y luego se giró para mirar al que fue su detenido. Miró nuevamente hacia el parqueadero y se giró rápidamente hacia donde Miguel Rodríguez, con una sonrisa, que expresaba toda su malicia.

–Ya sé como lo voy a sacar de aquí.

Los camiones salieron rápidamente de la unidad residencial rumbo al norte de la ciudad por la Avenida Juanambú.

Los vecinos que se percataron de la llegada de los policías se quedaron esperando el espectáculo que acompaña una incursión intempestiva a una residencia. Al no ver a ningún capturado concluyeron que fue una falsa alarma.

Como a diez cuadras el último vehículo de los policías disminuyó la velocidad, un agente saltó de pronto y salió corriendo por el borde de una cuneta, metros más a delante tropezó y cayó al fondo, en donde desapareció en medio del fango y la maleza. El uniformado llegó hasta una despoblada vía, estaba lleno de barro por todas partes. Miró a ambos lados y comenzó a caminar rápidamente. Al parecer sabía a donde se dirigía, pero no dejaba de girarse para mirar hacia atrás. Luego de recorrer como dos cuadras un carro se le acercó, desde adentro alguien le dijo con afán:

–Rápido, súbase, Don Miguel.

Rápidamente abordó el vehículo y le dio al conductor la dirección del nuevo escondite. Allí haría la evaluación del porqué le llegaron tan fácil a la anterior caleta. Necesitaba saber si fue un simple golpe de suerte de los policías, o si había sido obra de un soplón. De ser cierto esto último, era una situación muy grave para un mafioso de su categoría, que lo tuvieran infiltrado.

Pero esa evaluación vendría más tarde, pues ahora había llegado el miedo a su cuerpo. Cada vez que salía de una de estas encerronas lo asaltaba el temor. La pregunta siempre era la misma: si podría salirse con la suya la próxima vez que lo agarraran. De todas maneras su particular estilo de manejar, o mejor de transar, lo habían salvado otra vez. Era su sello de distinción en el mundo del narcotráfico. Claro que otras veces los problemas necesitaban de soluciones extremas.

Que sólo funcionan con plomo.

* * * * *

La brusca frenada del carro sacó a Fernando de sus recuerdos. Debajo del puente que está en la Avenida El Dorado con la Av. NSQ, varios policías motorizados les cerraron el paso. El Mayor Gómez se bajó y se identificó. De inmediato los dejaron continuar. A los pocos minutos estaban frente a la 'vara' de la entrada de la Dijín.

El detenido sabía que apenas la la levantaran ya no había nada que hacer.

El Mayor Gómez bajó el vidrio, se identificó y siguieron hacia el parqueadero. Antes de bajarse el oficial se giró y mirando a los ojos a su detenido le advirtió.

—Esta noche no ha pasado nada. Como se ponga a hablar más de la cuenta le aseguro que la próxima 'mula' que cojamos en el aeropuerto El Dorado para los Estados Unidos se la echamos encima. Usted verá si quiere envainarse con otros kilos más y que lo pidan en extradición. Fernando sopesó la advertencia y no dudó que el oficial la cumpliría de ser necesario. En ese momento una gran frustración empezó a apoderarse de él. Tal estado lo llevó a creer que toda esta situación hacía parte de un mal sueño, de una pesadilla de la cual pronto iba a despertar. No podía creer que veintiún millones de pesos —que era el valor comercial de la heroína— lo tuviesen tan enredado.

El Matsuri blanco se detuvo un poco antes de la entrada principal de la Dijín. Se abrió una puerta trasera. El que había hecho de comprador se bajó y se fue caminando rápidamente hacia el oriente. Se tratada de un soplón y no podía entrar con ellos a la Dijín.

Fernando ni siquiera se sintió despierto cuando lo sentaron frente al Director General de la Dijín, Coronel Mario Gutiérrez, quien llegó con toda la plana mayor a establecer si semejante captura daba para tanta exaltación de sus subalternos. Lo cierto es que los altos mandos al conocer el linaje de su detenido empezaron a relamerse al imaginarse el espectáculo de la presentación de Fernando Rodríguez Mondragón ante los medios de comunicación.

Pero esa 'presentación en sociedad' sería el lunes 25 de noviembre en la mañana, para que la semana arrancara con un buen *positivo* (es como las autoridades oficiales llaman comúnmente el golpe que se le asesta a la delincuencia). Los noticieros de televisión del medio día de seguro abrirían con esa primicia. Y lo más seguro era que tal notición fuera un *reencauchado* (palabra que se usa en los medios de comunicación para referirse a una nueva versión de una noticia emitida) para la emisión de la noche.

Los policías en materia de información están en sintonía con lo que afirma el escritor Dan Brown en uno de sus libros: "No hay nada que más venda que la desgracia humana". Además que los oficiales de inteligencia se sabían de memoria la frase que la mayoría de los reporteros les repetían los fines de semana: "Qué nos tiene para este fin de semana, mire que no tenemos nada con que abrir, levántenos algo" (algunos periodistas le agregan el "mi" al rango del Oficial, para mostrar mayor cercanía y respeto). Bueno, para ese domingo sí que había una buena presa que tirarle a todos los medios. Pero sería a manera de expectativa, ya que el lunes sería el día de la chiva. Pero, como siempre sucede, la primicia no aguantó escondida hasta el día señalado y fue filtrada al diario *El Tiempo*.

A pesar de la filtración el lunes sería el día de la presentación ante los medios del detenido. Mientras llegara ese momento los miembros de la Dijín se dieron a la tarea de realizar algunas verificaciones. Lo primero sería constatar con la tarjeta decadactilar de la Registraduría la identidad del detenido. Mientras se realizaba la comprobación otro agente se puso en contacto con la embajada de los Estados Unidos, para poner al tanto a los agentes de la DEA y del FBI, acantonados allí, de la captura que habían realizado.

No habían pasado tres minutos desde la llamada a la embajada americana cuando un alto funcionario de la DEA llamó a la Dijín y pidió que de inmediato desnudaran al detenido y verificaran si tenía una cicatriz en el estómago, al lado derecho, producto de una cirugía cuando era un niño.

–Creemos que tal vez ustedes han capturado es a William Rodríguez Abadía –dijo emocionado el agente antidrogas americano.

De inmediato varios agentes fueron a la dependencia donde estaba el detenido, le quitaron las esposas y le pidieron que se desvistiera. Mientras Fernando Rodríguez lo hacía, los policías no ocultaban su ansiedad.

Cuando se quitó la camisa le pidieron darse vuelta y todos se inclinaron a revisar su estómago y espalda. No le encontraron ninguna cicatriz. Un oficial salió rápidamente y se dirigió hasta su oficina. Tomó el teléfono que estaba descolgado sobre su escritorio e informó a su interlocutor americano que el capturado no tenía señal de haber sido intervenido quirúrgicamente en esa parte del cuerpo.

El agente de la DEA no ocultó su decepción, pero manifestó que en poco tiempo enviaría todo la información judicial que tuvieran en sus archivos de Fernando Rodríguez Mondragón.

En esos momentos lo que más le interesaba a las autoridades de los dos países era saber si el detenido tenía algún *indictment* en alguna Corte Federal de los Estados Unidos, que abriera la opción de un futuro pedido de extradición.

Ante esta temida posibilidad Fernando empezó a recordar los 10 años que vivió en los Estados Unidos. En todas las veces que entró a ese país como cualquier visitante. Le aterraba el hecho de pensar que podía regresar, pero en calidad de extraditado y, para colmo, 'engrillado'.

Mientras llegaba la información se decidió tomarle declaración juramentada. Lo llevaron hasta una pequeña dependencia, lo sentaron frente a un escritorio y nuevamente le quitaron las esposas. El funcionario que iba a conducir la diligencia salió de la oficina un momento. Fernando Rodríguez recordó en ese instante que dentro del bolsillo de la camisa tenía la tarjeta de propiedad, que no estaba a nombre de él, de uno de sus vehículos, la sacó y pensó esconderla dentro de sus interiores, pero desistió al imaginarse que lo podían desvestir nuevamente. El agente de la Dijín ya estaba regresando, y lo único que se le ocurrió fue meterla dentro de las hojas de un directorio telefónico que estaba sobre el escritorio del funcionario judicial.

Cumplida la diligencia se decidió su traslado a los calabozos de la Dijín ubicados en la Avenida 6 con Avenida Caracas. Pero antes de transportarlo lo sometieron a un examen médico y a una exhaustiva requisa. Los de la Dijín se quedaron con alguna de sus pertenencias y con un CDT por mil millones de pesos a nombre de un cercano amigo.

En un momento el Sargento Zambrano, el mismo que lo capturó, se le acercó y le propuso un nuevo negocio. "Déme 30 millones para cuadrar el informe, allí le echamos toda la culpa a su amigo".

Fernando se lo quedó mirando y le dijo: "Bueno, hágale y me lo muestra primero".

Otros agentes se le acercaron para esposarlo. Fuertemente escoltado fue llevado a su nuevo sitio de detención. Al llegar ya todos los agentes allí presentes sabían quien era el nuevo 'inquilino'. Eran las cuatro de la madrugada del 23 de noviembre.

La remodelación que se hizo en este sitio de reclusión se cumplieron cuando Fabio Ochoa Vásquez estuvo allí prisionero, antes de ser extraditado a los Estados Unidos.

La Teniente responsable del turno de guardia fue la encargada de recibir a Fernando. Éste le pidió que no lo dejara junto a los demás detenidos, sino en un área más decente. La petición estuvo acompañada de un 'obsequio': un billete de cien dólares.

Ya Fernando empezó a comprobar que se gasta muchísimo más dinero cuando se pierde la libertad. En la cárcel hasta el saludo tiene precio.

Cuando ya todo parecía en calma una algarabía alteró la tranquilidad. Dos hombres, esposados desde los pies hasta la cintura, incluidas las manos, fueron conducidos al interior de los calabozos de la Dijín en donde estaba Fernando.

Los dos prisioneros llevaban un uniforme de color caqui, con rayas naranjas a los lados, tanto en las mangas como en el pantalón, y zapatillas negras. Esa vestimenta no se prestaba a confusión era la que se usan en la cárcel de Alta Seguridad de Cómbita, en Tunja. El traslado a Bogotá es la antesala antes de ser llevado al aeropuerto militar de Catam, en donde está esperando el avión de la DEA que se los lleva a los Estados Unidos.

Cuando los detenidos llegaron ya algunos familiares estaban en la estación esperándolos. Pero no permitieron que se acercaran a los prisioneros. De nada sirvieron lágrimas y súplicas.

Fernando no ocultó la conmoción que le produjo ver semejante escena de dolor y desespero de detenidos y familiares. Se le acercó a uno de los prisioneros y le dijo:

—Vos porque no me *regalás* ese uniforme para colgarlo y mirarlo siempre, y aprender a que no debo delinquir nunca más.

El prisionero lo miró pero no contestó, parecía como si estuviera desconectado del presente.

Lo que en ese momento no sabía Fernando Rodríguez era que no solo vería ese uniforme todos los días, sino que lo usaría por varios años.

El sábado ya toda la familia de Fernando sabía que estaba detenido. Su padre, don Gilberto, quien para esa fecha estaba en libertad, puso a todos sus abogados y colaboradores a indagar si esa captura correspondía a un montaje de las autoridades para enredar aún más su situación jurídica. Antes de una hora varias fuentes de peso y poder le aclararon toda la situación. A su hijo Fernando lo habían cogido con un kilo y medio de heroína, que el procedimiento policial había sido legal. La orden del capo fue contundente.

—Déjenlo sólo. Que nadie lo ayude.

* * * * *

A Fernando lo agobiaba tener que llamar a su familia en Cali. Le daba vergüenza contar lo que había sucedido. Pero sabía que en esos momentos no tenía a nadie más que a su familia. Este pensamiento le dio el valor para hacerlo.

Hizo la llamada y a los pocos segundos estaba convencido de que estaba solo.

Quien le transmitió el mensaje de su padre colgó al terminar la razón, sin dar más explicaciones. Así era que se cumplían las órdenes del capo máximo del Cartel de Cali. Ni siquiera su familia podía cuestionar una orden o una insinuación de don Gilberto. La obediencia absoluta era el vínculo común que asemejaba a la familia de los Rodríguez Orejuela con el Cartel de Cali. En el mundo de las drogas desobedecer a los capos del Cartel se paga con la vida; y las faltas y errores de un miembro de la Familia se castiga con el abandono, el ostracismo, el olvido y, por último, el desprecio.

Fernando otra vez estaba sólo, nuevamente la había embarrado y nuevamente su padre le daba la espalda.

* * * * *

Pero tal vez no estaba del todo sólo, esa mañana se presentó su novia Luisa Fernanda quien le llevó algunas prendas de vestir, comida y dinero. Ya estaba convencido de su triste realidad, que viene siempre acompañada del sentimiento de culpa, de arrepentimiento… y de muchas lágrimas.

Sabía que no sólo había acabado con su vida sino con la de su novia y la de sus hijos. Pero la situación de Fernando a penas empezaba a empeorarse. Ni siquiera se imaginaba que el lunes cuando lo presentaran ante los medios de comunicación destruiría a la persona que más amaba en esos momentos.

* * * * *

El lunes bien temprano fue trasladado al bunker de la Fiscalía General de la Nación, ubicado irónicamente frente a la Avenida La Esperanza. Ya todos los medios estaban allí esperando a que lo mostraran. Al terminar la diligencia, como a las 11 de la mañana, lo presentaron. Periodistas, fotógrafos y camarógrafos se avalanzaron hacia él. Se enredó con los cables que estaban atravesados por toda el área de la Fiscalía y se fue al suelo. Se paró rápidamente y siguió su camino sin dar ninguna declaración. Abordó un vehículo que lo llevó a su nuevo sitio de reclusión: La penitenciaría La Modelo en Bogotá. Pero primero pasaría por la Dijín a cumplir otras diligencias de rigor.

Al llegar, coincidencialmente, lo condujeron a la misma oficina en donde lo habían interrogado la madrugada del sábado. Al quedar un momento a solas abrió el directorio en donde había escondido la tarjeta de propiedad de un vehículo suyo. Para su sorpresa allí estaba todavía. La cogió rápidamente y la guardó en uno de sus bolsillos. Este ardid le permitió salvar ese carro, ya que la Fiscalía no se lo pudo confiscar.

Terminada la diligencia le solicitó al agente que le permitiera hacer una llamada a Cali, a un familiar. Tenía la esperanza de que reconsideraran su pedido de ayuda. El funcionario le facilitó un teléfono. Fernando se quedó con la palabra en la boca, miró el teléfono y lo colgó lentamente. Por primera vez los agentes de la Dijín lo vieron tambalear. Sus ojos se humedecieron y una vez más corroboró que estaba sólo y que no contaba con nadie de su familia.

Miró a los ojos a los funcionarios que estaban cerca de él y les preguntó: - ¿Ya nos podemos ir?

Lo conducen nuevamente a los calabozos de la Dijín de la Avenida Caracas con 6ª en Bogotá.

En la cárcel – pensó– tendría tiempo, y de sobra, para recordar en qué momento se deterioró su relación con su padre, Gilberto Rodríguez Orejuela.

Relación que llegó a ser de venganza. Un padre que maltrataba físicamente a su hijo mayor por parecerse cada día más al oficio de su progenitor: El de delincuente. Y un hijo que quería desquitarse del padre haciendo fechorías.

—Es que yo aprendí desde niño lo que veía hacer a mi papá, pensó atribulado.

De todas maneras en la cárcel lo que sobra es tiempo… y mucho más para pensar, para recordar… sobretodo si la reclusión es en una penitenciaría de Máxima Seguridad... como la de Cómbita, réplica de las más severas de Estados Unidos, ubicada en las heladas tierras boyacenses.

* * * * *

La orden inicial fue la de trasladarlo a la cárcel Modelo. Cuando empezó a alistarse para salir de la Dijín hacia el nuevo sitio de reclusión vio que a otro detenido, un señor como de unos 55 años de edad, trigueño, de cabello negro, quien a pesar de tener las esposas puestas se le notaba que no era un 'delincuente ordinario' y que lo mantenían separado de todos los que estaban allí y con mejores comodidades, le daban la misma orden.

Fernando, al mirarlo con detenimiento, creyó por un momento, estar viendo al mismísimo presidente de Colombia Álvaro Uribe Vélez.

Cuando subieron al camión del Inpec y los esposaron comprobó que su compañero de viaje era una persona distinta al Presidente, pero no dejó de sorprenderle el parecido. Pensó que tal vez estaba muy sugestionado con todo lo que decía su papá Gilberto del presidente Uribe, a quien responsabilizaba de tenerlo "jodido". La misma acusación iba en contra del Ministro del Interior y de Justicia de aquel entonces, Fernando Londoño Hoyos. A los dos los consideraba el capo de la droga como sus peores enemigos y los abanderados de su extradición a los Estados Unidos.

El camión del Inpec fue escoltado por seis carros con hombres bien armados hasta la penitenciaría La Modelo. Ese día había un gran alboroto en el penal, ya se sabía que un hijo de un Don Gilberto Rodríguez sería el 'ilustre huésped'.

Inicialmente lo recluyeron en un sitio, de 5 x 5 metros, conocido como 'La Jaula'. Allí llegan todos los presos nuevos para la reseña, luego le asignan el patio a donde irán.

Si algún detenido tiene duda de que llegó a la cárcel La Modelo al entrar a 'La Jaula' confirmará de por vida de que allí estuvo. El olor a excremento y orín es insoportable, es tan penetrante que se tiene la sensación de que jamás se le quita del cuerpo... algunos que han pasado por allí no se les ha podido borrar ni siquiera ese olor de su mente, por lo que quedan con un tic de estarse oliendo a cada momento las manos, los brazos y la ropa. Pareciera que lo peor de la sociedad que coincide allí fuera la que peor oliera. A este sitio entró Fernando Rodríguez Mondragón. Quien hacía unas horas visitaba las mejores tiendas de ropa, usaba las últimas fragancias que salían al mercado, conducía los más lujosos carros y comía en los restaurantes de moda. No había duda estaba en 'La Jaula' de La Modelo.

Estaba tan concentrado en su situación que no advertía que afuera varios guardianes trataban de detallarlo y buscar contacto visual. Estos sabían que no siempre llegaba un interno de estos kilates.

Fernando logró llegar hasta un lado de 'La Jaula', se le acercó a un guardían que estaba al otro lado de la reja y le preguntó:

—Quién está a cargo?

—Mi Sargento Cabrera —contestó el funcionario de la prisión.

—¿Puedo hablar con él?

Esta última pregunta fue acompañada con mucho disimulo de un billete verde… 100 dólares.

A pesar de la algarabía que había muchos escucharon el entusiasmo del guardia cuando gritó: "!Ya mismo se lo traigo!".

A los 10 minutos estaba Fernando frente al Sargento Cabrera dialogando en una cómoda y decente oficina.

El suboficial manifestó entusiasmado que había tenido el placer de conocer a Don Gilberto y a Don Miguel. Luego le dio las indicaciones para sobrevivir en ese antro penitenciario llamado cárcel. Le informó que el mejor patio era el número tres, el de los paramilitares y que al mando estaba un tal alias 'Chiqui'. Pero que si podía ser regresado a otro sitio de reclusión que lo hiciera.

Fernando le manifestó que se sabía cuidar solo y agregó: "Además, recuerde que soy un Rodríguez".

—De todas maneras a 'La Jaula' llegan bandidos tan desechables que añoran morir de una manera digna… que los inmortalice…

como asesinar o apuñalear a un hijo de Don Gilberto, dijo el Sargento a manera de reflexión.

Fernando iba de regreso a 'La Jaula' meditando en las últimas palabras del suboficial. Se preguntó si el odio de su padre por él llegaría hasta tanto. Sintió un decaimiento tan grande que lo llevó a desear la muerte. Por un instante deseo tener a su papá para pedirle perdón y decirle que lo amaba. Pero enseguida se imaginó la risa sarcástica de Don Gilberto ante semejante gesto de reconciliación de su hijo mayor.

Nunca supo cuantas veces el preso que le gritaba "Don Fernando, Don Fernando, Don Fernando" le repitió el llamado. El guardián fue quien lo cogió por el hombro y al apretárselo lo regresó a la realidad.

–Mucho gusto Don Fernando me conocen como 'El Negro' y soy el representante político de las Autodefensas Unidas de Colombia, AUC, y mano derecha de 'El Chiqui'. Ya le tenemos todo arreglado para su llegada al Patio 3. No se preocupe por sus pertenencias que ya se las llevamos para allá. Tenga paciencia hasta que lo reseñen, el patrón le envía este regalito.

El emisario no esperó ni las gracias, al terminar el mensaje le entregó dos cajas de pollo frito Frisby, acompañados de papa a la francesa y gaseosa fría.

Entró nuevamente a 'La Jaula', allí un detenido lo esperaba con un cuñete de pintura para que se sentara, era él único 'inquilino' que tenía donde hacerlo.

El hambre es una de las necesidades que rompe con todas las normas y reglas de la vida. Tal vez sea la única sensación que iguale a los hombres sobre la tierra. Al abrir las cajas a Fernando no le importó estar donde estaba ni siquiera añoraba estar en el mejor restaurante del Parque de la 93 en Bogotá. Eso era un buen síntoma. Ya aceptaba donde estaba.

Los que estaban alrededor lo velaban con ansia. Sabían que con todas esas comodidades debía ser un 'duro'.

De pronto Fernando vio a una persona conocida que se le acercaba, se trataba de su compañero de viaje desde la Dijín a La

Modelo, 'el doble de Álvaro Uribe'. Lo recibió extendiéndole una porción del pollo que estaba devorando.

El recién llegado inicialmente no aceptó. Estaba sudoroso y se le notaba muy nervioso era la primera vez en su vida que pisaba una cárcel. Fernando de alguna manera le dio confianza para que se tranquilizara. Le dijo de quien era hijo y le ofreció nuevamente un pedazo de pollo que esta vez sí recibió. Luego siguió una charla que conduciría a conocer la presencia en el penal de otro 'ilustre' visitante.

–Yo me llamo Antonio José Vélez Giraldo, por favor ayúdeme, yo soy primo del presidente Álvaro Uribe Vélez. Estoy aquí porque yo tengo una refinería y me cogieron dos camiones con gasolina robada que me vendían los paramilitares.

Su interlocutor no salía del asombro: el hijo del Jefe del Cartel de Cali y el primo del presidente en una misma cárcel.

–Bueno, mi padre es enemigo de su primo pero lo voy ayudar, ¿no sé por qué? Pida en la reseña que lo ubiquen en el Patio 3 que yo voy para allá.

Gilberto Rodríguez Orejuela había recobrado para ese tiempo su libertad, más exactamente el 7 de octubre de 2002.

Si al menos Fernando se hubiese imaginado la furia que sentiría el 3 de diciembre de 2004, cuando el presidente Uribe dio la orden para que se llevaran a los Estados Unidos a su padre, no hubiese sido tan generoso con quien decía ser el primo del mandatario. A las 9 de la noche, antes de transferirlos al temible y respetado Patio 3, les advirtieron que cualquier indicio que indujera a los 'paras' a pensar que ellos tenían algo que ver con la guerrilla los mataban allá mismo.

Los guardias los acompañaron hasta la reja que permite la entrada al Patio 3. Increíblemente la llave para abrir dicha reja no la tienen el Inpec si no los internos del mencionado patio. Al ingresar había un comité de bienvenida esperándolos. Luego de los saludos y pequeño brindis fueron conducidos al tercer piso donde lo esperaba el patrón, 'El Chiqui'.

La reunión fue netamente de negocios. Tres millones de pesos por el 'cupo' en el Patio 3. Por un cuarto decente y privado 10 millones. Una 'habitación' con esas características consta de baño privado con agua caliente, clóset en madera, cama doble, cobijas nuevas y señal de DirecTv. Por un valor adicional se puede acceder a un pequeño calentador. Dos millones más por la seguridad, ya que en ese sector sólo podían estar los residentes y los invitados, previa orden escrita.

Un millón de pesos costaba el primer turno de toda la cárcel para la visita conyugal del domingo. Fernando obtuvo para su novia el ficho número uno.

El dinero se cancelaba a las afueras de la cárcel a una mujer que sólo se conocía por el alias 'La Flaca Nelsy'. Ésta, al verificar el pago o la consignación, reportaba al interior de la cárcel la operación financiera, para que el conducto regular siguiera su curso.

Una buena alimentación tiene un alto costo en la cárcel La Modelo. Existen todo tipo de restaurantes, nacionales e internacionales. Por ejemplo es famoso el de unos chinos que cayeron con drogas en el aeropuerto El Dorado. Los domingos son los días de mayor demanda.

También en esta cárcel se puede estar armado, una pistola cuesta dos millones de pesos. Una granada 500 mil y un fusil cinco millones de pesos.

Hasta los entierros tienen sus costos en La Modelo. Cuando una persona se convierte en un problema la matan al interior del penal, pero por cuestiones personales hay que ocultar al muerto, entonces se incrementa la muerte por el 'entierro', ya que hay que picarlo en pedacitos para botarlo por las cañerías del penal.

Luego de ser informado de las 'tarifas' de alojamiento a Fernando lo conducen a realizar lo que se llama el 'Modelo Tour' por las instalaciones de la cárcel.

Aunque su padre lo dejó solo en la prisión empezó a gozar de un respeto por su linaje. Todas las condiciones antes mencionadas fueron aceptadas también por Antonio José Vélez.

Esa noche llamó a su novia y recibe otra mala noticia. A su prometida la conminaron a renunciar por su relación con él. Ella era una alta ejecutiva de la entonces poderosa empresa de telefonía celular, Bellsouth. Los ejecutivos de esta multinacional coincidían los fines de semana con Fernando y su novia en diferentes restaurantes y bares de Bogotá. Como también en el apartamento de él para celebrar resultados operacionales de la empresa.

Todo se estaba derrumbando. ¿Hasta cuándo aguantaría su novia?

El domingo 1 de diciembre fue su primera visita conyugal, su novia fue quien primero entró. Quien lloró más esta vez fue su prometida. Ya había empezado a pagar cara su relación con Fernando. Su puesto como Gerente de Facturación Nacional, en Bellsouth, y que se lo ganaó a mérito propio, lo había perdido. Le costaba creer que en un instante estaba en la calle, desempleada.

Pedir perdón no servía de nada, sólo quedaba empezar a salvar las pocas cosas que habían comprado y los carros que eran de su propiedad pero que estaban a nombre de otras personas. Para mantener la casa y para pagar el abogado. Fernando no lo supo de inmediato, pero Luisa Fernanda, al día siguiente de la captura, cogió todas las cosas y las envió en un urgente trasteo a Cali. El lunes cuando la Fiscalía ordenó allanamientos no encontró nada.

El estar en la cárcel La Modelo era de ayuda ya que estaba en Bogotá y las comunicaciones serías más fáciles.

Con lo que no contaba Fernando era con un intempestivo traslado.

II. De la gloria a Cómbita

A las 2 de la madrugada del 2 de diciembre empezó otra larga jornada para Fernando Rodríguez. A esa hora se presentaron a La Modelo varios funcionarios del Inpec (Instituto Nacional Penitenciario de Colombia) para trasladarlo de cárcel. La situación se complicó para Fernando. Aunque hubo un conato de motín para impedir la salida del penal, su abogado le aconsejó aceptar el cambio

–El interno T.D. 318316 pase al frente, gritó el funcionario del Inpec, en la cárcel Modelo de Bogotá.

Fernando Rodríguez Mondragón dio varios pasos adelante.

–Recoja todas sus pertenencias que sale trasladado para la cárcel de Máxima Seguridad de Cómbita, dijo un guardián.

Aunque los traslados de prisioneros y su destino se tratan de mantener en máximo secreto los 'paras' tenían ya información de que Fernando sería trasladado a Cómbita junto con su amigo Richard Dickson Figueroa

Lo primero que se vino a la mente del transferido fue la imagen de su tío Miguel Rodríguez Orejuela, quien también estaba en Cómbita. Sabía que nadie quería saber de él por su captura. Además, lo agobiaba pensar que por culpa de su captura a su padre se le fuera a complicar la situación jurídica. Nunca había existido una buena relación entre padre e hijo, pero tampoco quería agravar sus problemas. Fernando había sido para su tío Miguel, por muchos, el sobrino protegido, su pupilo. Era quien nunca lo había abandonado. Era quien lo entendía e intercedía por él ante su hermano, Gilberto.

El tío Miguel fue quien hizo en muchos momentos de su vida las veces de padre.

–¿Qué cara le voy a dar a mi tío? –pensaba muy atribulado.

No hay nada más trágico en la vida que pasar inesperadamente de la gloria al infierno. Aunque no importe estar moviéndose en los peligrosos terrenos del Código Penal. Uno piensa que nunca lo van a coger, pensó Fernando.

Y de verdad que debe ser terrible mirar la clase de vida que llevaba hace unas semanas atrás y compararla con la de la prisión.

Pasar de dormir en la mejor cama, encima del más suave colchón ortopédico, en compañía de la novia o de cualquier otra bella mujer. Bañarse con abundante agua caliente por tiempo ilimitado en un limpio baño. Luego seguir a un amplio vestier para escoger, entre más de 80 vestidos y centenares de corbatas, camisas, medias y zapatos, la pinta del día. Llegar al comedor y encontrar el más saludable desayuno. Bajar al parqueadero y abordar la camioneta o el automóvil del año, de acuerdo al día que haga. Llegar a la oficina, revisar las cuentas bancarias y luego llamar a los amigos para planear el almuerzo y la rumba de la noche… A pasar a una pequeña celda, con un mesón de concreto que encima lleva una colchoneta. A compartir el baño con decenas de reclusos que terminan conociendo todos los gestos que una persona hace cuando está sentada en el sanitario. A desayunar y comer con una cuchara desechable que llega a costar hasta más de 20.000 pesos. A vestirse con un raído uniforme de prisionero, y a realizar apenas una llamada diaria de sólo cinco minutos.

Un cambió así de verdad que es terrible. Pero es el pago que se obtiene por delinquir. Tal vez existan algunas personas que se acostumbran a ser habituales residentes de las cárceles, lo cual no les ocasiona ningún cambio en sus vidas. Hasta llegan a añorar los calabozos.Pero hay otras que se preparan en la vida para trabajar y no para transgredir la ley. Otras, trabajan también, pero deciden acercarse al mundo del crimen con la convicción de que nunca les va a pasar nada. Fernando Rodríguez Mondragón formaba parte de estos últimos.

El camión del Inpec salió con su carga de La Modelo rumbo a Boyacá. La sorpresa para Fernando fue que no era el único que iba para Cómbita, lo acompañaba nuevamente Antonio José Vélez Giraldo y Richard Dickson Figueroa.

El vehículo salió de La Modelo con los tres prisioneros, pero su desplazamiento le indicaba a Fernando que aún se encontraban en Bogotá. Pues constantemente sentía que el carro giraba a cada momento. Así se la pasó durante tres horas aproximadamente. El hijo del capo empezó a imaginarse que los funcionarios penitenciales le estaban enviando un mensaje para negociar su huida. Todo este tiempo también lo aprovechó para seguir conociendo a su nervioso compañero: Antonio José. Le manifiesta sin tapujos que el robo de gasolina no da para que lo manden a Cómbita. Pero su interlocutor sólo atinó a decir que así era la justicia en Colombia.

La conversación se interrumpe cuando, pasadas más de tres horas, el vehículo se detiene y abren la puerta del furgón. Un guardián del Inpec les ordena bajarse. Los tres reclusos se sorprenden al comprobar que estaban en la cárcel para mujeres, conocida como El Buen Pastor.

Allí los dejan todo el día. Se la pasaron jugando cartas con unas detenidas, que también les cocinaron. Como a las 8 de la noche van a recogerlos nuevamente. Esta vez, además del camión, iban siete carros con escoltas.

El recorrido hacia la nueva prisión fue lento, estuvo a punto de suspenderse en el primer peaje, ya que los guardias no querían pagarlos. Les tocó hacer, de mala gana, una recolecta, para cumplir con la misión encomendada.

* * * * *

La cárcel de Máxima de Seguridad de Cómbita se alcanza a divisar desde la vía Tunja-Paipa- Sogamoso. A pesar de la distancia no dejan de intimidar las grandes estructuras de hormigón, alambradas y concertinas que la rodean.

Los que han tenido la oportunidad de acercarse a los inmensos muros de concreto y tocarlos coinciden en describirlos igual al hielo.

Todos le temen a esta penitenciaría. Aquí es cierto que los reclusos sienten que el peso de la ley sí les ha caído encima.

Nadie puede gastarse más del equivalente a un día de salario mínimo. Se usa un uniforme de recluso a diario. La levantada es a las 4:00 de la madrugada y a los pocos minutos se pasa a las duchas. El agua es helada. Lo primero que se aprende en Cómbita es que al chorro de la ducha lo último que se le mete es la cabeza. El desayuno es a las 5:30, el almuerzo a las 9:30 de la mañana y la cena a las 2:00 de la tarde. La hora de ir a la cama es a las 4:30 de la tarde, luego del consabido inventario.

No hay relojes, ni se permite llevarlos, también están prohibidos los radios.

Todos saben que hay que enseñarle al organismo a enfermarse durante el día, ya que de noche nadie sale del penal. Ni siquiera muerto. Hay que esperar hasta el día siguiente y contar con la suerte de clasificar entre los únicos diez turnos que se reparten por día para ir a la enfermería.

En Cómbita, como en cualquier cárcel de Colombia, hay que cuidarse en exceso de lo que se dice. En las prisiones la injuria, la calumnia, el chisme y el bochinche tienen como castigo la pena de muerte.

Los otros efectos inherentes a esta nueva vida, son el cambio de vocabulario, la pérdida del pudor, de la vergüenza y de las amistades.

Lo peor que le puede pasar a un recluso es llegar a prisión sin familia, va camino a ser lo más ruin en una cárcel: convertido casi en un desechable.

Lo segundo que se aprende a los pocos minutos de llegar a cualquiera de los patios de Cómbita, y para muchos reclusos es la lección más dolorosa, es una frase que los acompaña por siempre, que reza así: "Son menos de tres años para que la mujer le coja la curva". En términos más sencillos significa que es el tiempo prudencial que se dan la mayoría de las mujeres para abandonar a su esposo, novio, enamorado o amante detenido. Algunas están muy por debajo de estos estándares de tiempo.

Llegar a una prisión de máxima seguridad es literalmente pasar del cielo al infierno.

Fernando sabía que había llegado el momento de pagar su deuda con la sociedad y consigo mismo. Él sabía que con su comportamiento delincuencial había aportado mucho para llegar allí, pero eso era lo que había aprendido desde niño en su hogar.

* * * * *

La caravana del Inpec llegó al penal de Cómbita a las 2 de la madrugada del 3 de diciembre. A esa hora se inició la rutina de la reseña, que consiste primero en raparles la cabeza a los internos recién llegados. Luego los bañan con agua al clima, helada. Después viene la revisión 'interna', que consiste en poner las manos en el piso y levantar las nalgas para revisarles el ano. Al terminar les entregan su nueva vestimenta… Y su nueva identificación. Ya dejaba de ser una persona para la sociedad y el sistema penitenciario, era ahora un simple Código: el TD - 718. El de su compañero José Vélez era el TD - 720.

Alcanzó a ver que el TD de su papá era el 065 y el de su tío Miguel era el 066. Pero un código le arrancó una sarcástica sonrisa, era a quien le correspondió el 007, el agente con licencia para matar, y como una ironía de la vida le correspondió a Jhon Jairo Vásquez, conocido en el mundo del hampa como 'Popeye'. Asesino a sueldo de aquel temido capo, Pablo Escobar Gaviria. Fernando ni siquiera se imaginaba que en las cárceles se da las más extrañas alianzas entre otrora enemigos a muerte.

Estaba convencido de que apenas terminara la reseña y le asignaran el nuevo código lo pasarían a un patio donde pudiese hablar con los demás internos, en especial con un cercano familiar. Pero no fue así. Lo que primero aprendió es que en Cómbita no hay patios sino Pabellones y, lo segundo, que primero iba a estar en un área del penal llamada eufemísticamente 'de iniciados'. Allí no hay teléfonos ni compañeros de celda. El único ruido que se escucha es el del carcelero de turno cuando abre la rejilla para poner en el suelo las comidas del día… O el del preso cuando está llorando a gritos. Aquí pasan un buen tiempo los detenidos para que vayan 'afinando' y sepan cómo es la cosa. Es como el abrebocas que se les da para que sepan lo que les espera en los Estados Unidos, ya que Cómbita se había convertido en la última morada de los extraditables. Estando Fernando en aislamiento pudo por intermedio de un guardián, que le entraba la comida, enviarle una nota a su tío Miguel.

Allí le pedía perdón a su tío por lo sucedido y le solicitaba que intercediera para que le asignaran el pabellón donde estaban ellos. También le pidió que le regalara una tarjeta para llamar y unos cigarrillos.

La respuesta no se hizo esperar, en menos de 24 horas la tenía en sus temblorosas manos.

"Su tío no quiere saber nada de usted, está muy berraco. Aquí le mando como cosa mía una tarjeta de 10 mil pesos y estos cigarrillos". La sorpresa de Fernando fue que la nota estaba firmada por Jhon Jairo Velásquez Vásquez, alias 'Popeye', confeso sicario del muerto jefe del Cartel de Medellín, Pablo Escobar Gaviria.

En 1990, cuando Fernando estudiaba Contaduría en la Universidad San Buenaventura de Cali, fue víctima de un atentado. Varios sicarios ingresaron a la universidad haciéndose pasar por policías con el pretexto que iban a prestarle seguridad al hijo mayor de Gilberto Rodríguez Orejuela.

Le preguntaron a un vigilante por la ubicación del salón de clases, pero éste notó que los chalecos reflectivos de los uniformados no coincidían con los que usualmente llevan los policías de la Metropolitana de Cali.

El vigilante los envió astutamente a otro bloque de la universidad distinto al de la Facultad de Contaduría, de inmediato dio alerta a los escoltas de Fernando. Los falsos policías se volaron pero dejaron abandonada una camioneta Chevrolet Luv de estacas.

En su interior se encontraron lazos, esposas, un kit de primeros auxilios que incluía tranquilizantes.

Fernando no daba crédito que el firmante de la nota y con quien su tío había enviado la respuesta había participado en la destrucción de 26 droguerías de la cadena de Drogas La Rebaja, en Medellín. También había asesinado al gran amigo de su hermano Jaime, que gerenciaba la regional de Antioquia. También era el responsable de la bomba en Cali, que explotó en el edificio Conquistadores, sobre la Avenida Roosvelt, destruyendo varios apartamentos, de los cuales muchos eran ocupados por jugadores del América de Cali, entre los que estaban de Hernán Darío Herrera y Pedro Sarmiento.

Fernando se quedó mirando los cigarrillos y los echó al sanitario. Su desconfianza era tal con 'Popeye' que no quiso comprobar si estaban o no envenenados.

* * * * *

Sólo hasta el 22 de diciembre Fernando volvió a ver el sol. Ese día lo pasaron al Pabellón 6, conocido como el de los sindicados. Dos días después sería Navidad.

Empezaron acosarlo los recuerdos familiares de esa época. Todos se unían para celebrarlo, cuando la familia se hizo más numerosa arrendaban los salones del Hotel Intercontinental para el festejo.

También evocaba las entregas de regalo que se hacían en la tarde del 24 de diciembre. Su padre Gilberto y su tío Miguel se sentaban en la cabecera de una larga mesa y sobre esta ponían cientos de fajos de billetes y joyas. Contrataban con la joyería Sterling una especie de stan para que cada miembro de la familia pasara y escogiera lo que quisiera. Con excepción de Fernando, a quien le daban siempre menos que a los demás.

Sus recuerdos fueron interrumpidos por la llegada de un grupo de hombres que eran 'residentes' del Pabellón 6. Se trataba de los hermanos Galeano: Melecio, José y Cristóbal. Estos tres personajes eran oriundos de Villavicencio y estaban detenidos por

43

narcotráfico. Ya estos sabían quien era el nuevo 'inquilino' del patio, por lo que le profesaron mucho respeto y atención. De todas maneras era el sobrino de don Miguel. Y Don Miguel era el amo y señor de todos los pabellones.

—No han visto a mi tío, preguntó un poco nervioso a los Galeano.

—Está en una diligencia con sus abogados. Cuando termine pasa por aquel callejón, respondió Melecio, señalando con su mano derecha un pasillo que estaba ubicado como a veinte metros de donde se encontraban. – Si quieres nos hacemos cerca a la reja y esperamos, dijo a manera de pregunta José.

No hubo ninguna respuesta, todos salieron para ese lugar. Allí le dieron una clase de inducción al nuevo interno de cómo eran las costumbres y normas en Cómbita. Fernando conoció que su tío aún mandaba. Tenía un secretario en las afueras del penal con un celular y un teléfono fijo que se encargaba de todas las diligencias y razones. También supo que a cada dos reclusos les regalaba periódicamente una tarjeta para llamadas de 20.000 pesos. En una ocasión estuvieron incomunicados por mucho tiempo debido a un problema que tuvo Telecom con unas tarjetas de una hormiguita que sacó al mercado. Existía la regla que nadie podía demorar más de diez minutos por llamada, los turnos estaban establecidos por los mismos reclusos. Pero don Miguel tenía derecho a utilizar, todos los días, el teléfono desde la una de la tarde hasta las dos sin ninguna restricción. Además era él único que podía alterar los turnos cuando le tocaba realizar una llamada de emergencia.

Todavía don Miguel seguía mandando.

Tampoco era gratis, ya que se gastaba más de cinco millones de pesos mensuales en tarjetas y otros 'detalles' para los demás compañeros de reclusión. Tenía otra nómina que costaba 15 millones al mes. De ésta formaban parte cabos, sargentos y el jefe de seguridad del penal, Capitán Toledo. La mayor mesada era para el 'Capi', quien recibía 5 de los grandes. Al director de la cárcel, Mayor retirado Orlando Buenaventura, se le ofrecieron 20 millones mensuales, dinero recogido entre los Rodríguez Orejuela y los demás extraditables, para que 'aflojara' un poco el régimen, pero el ex oficial no aceptó.

–¿Sabes que 'el carro' de Don Miguel en Cómbita es 'Popeye'?, –le dijo Melecio a Fernando.

Fernando se quedó pensativo y Melecio agregó con burla:

–Un 'carro' en Cómbita es una especie de sirvienta de otro interno.

–Qué alianzas más extrañas se logran en las cárceles, comentó el hijo de Don Gilberto.

Al terminar el comentario vio a lo lejos varias personas que se acercaban. No necesitó de mucho esfuerzo para identificar a su tío Miguel entre el grupo.

Todos los que estaban presentes se acercaron a la malla que daba a un pasadizo por donde pasarían los guardianes y Miguel Rodríguez Orejuela.

Fernando se quedó mirando a los ojos de su tío, no sabía si saludarlo. Tal vez las palabras no le salían. Cuando trató de decir algo su tío se detuvo y se dirigió a los hermanos Galeano.

–Cómo les parece señores Galeano las de mi sobrino, dizque estudiado en las mejores universidades de Estados Unidos, París y Colombia, y lo cogen con un kilo y medio de heroína. No estaba contento con dos narcotraficantes ya en la familia.

Fernando bajó la cabeza y giró para retirarse. Ninguno de los Galeano dijo nada, más bien se alejaron de inmediato, ese era un problema familiar. Miguel Rodríguez siguió su camino, pero intempestivamente se detuvo y regresó hasta la malla y llamó a su sobrino. Mientras lo esperaba se metió la mano a uno de sus bolsillos, sacó una tarjeta para llamadas de veinte mil pesos. Fernando no levantó la cabeza, no sabía si por vergüenza o pena de que su tío le viera llorando

–Tome mijo esta tarjeta de veinte mil pesos, no se preocupe que lo voy ayudar, yo le mando una razón.

Fernando no sabe en qué momento cogió la tarjeta y cuánto tiempo se quedó allí parado. Nuevamente su tío le tendía la mano sin importar que la hubiese embarrado.

Fue hasta el teléfono y primero llamó a Luisa Fernanda, su novia, quien al oír su voz se puso a llorar interminablemente. La única palabra que pronunció decenas de veces fue "¿Por qué?" Y otras veces le agregaba… "me *hicistes* eso". Al terminar se sintió peor de lo que estaba. Entonces decidió llamar a su hijo a Cali. Este le dio la estocada final.

Fernando no sabía que los medios habían empezado a informar sobre lo acontecido en su captura. Los noticieros, citando fuentes oficiales, afirmaban que él trató de sobornar a los policías con 1.000 millones de pesos.

Su ex esposa e hijo que estaban pasando algunas dificultades no daban crédito a lo que escuchaban. Cómo era posible que Fernando tuviese toda esa plata y ellos tan necesitados se preguntaron.

Llamó a su casa en Cali y su hijo pasó al teléfono.

Fernando no encontró palabras para aclararle que los medios estaban errados, que todo hacía parte de una estrategia de desprestigio de los policías que lo capturaron. Al colgar sintió que hubiese sido mejor no haber llamado.

Por otra parte, su padre, don Gilberto, en esos momentos lo detestaba… y no era para menos.

* * * * *

En Cómbita lo que más sobra es tiempo. Pensar se convierte en el mejor pasatiempo, aunque los recuerdos traigan dolor y desazón. Fernando no escapó a su pasado y comenzó a reconstruirlo. Con todas las privaciones que le impusieron en esta prisión de máxima seguridad empezó a evocar y añorar los buenos momentos de su vida.

La pregunta que lo embargaba era por qué y cuándo había empezado su mala suerte… si es que existe esta última… o si ella viene congénita… o la adquirimos… o será que la atraemos con nuestras malas decisiones.

De todas maneras lo que más tenía Fernando era tiempo para responder estos interrogantes.

* * * * *

Cuando Mariela Mondragón Ávila salió con una vieja maleta de su pobre casa ubicada en el corregimiento de Bolívar, en el Departamento del Valle del Cauca, rumbo a Cali, sólo llevaba como equipaje unos desaliñados vestidos, muchas ilusiones de estudiar y exageradas ganas de trabajar. Y este último lo consiguió como impulsadora de la Droguería La Perla, que para aquel entonces, finales de los años 50, estaba ubicada diagonal al Hotel Aristi.

Esta mujer trigueña, de ascendencia campesina, nacida y criada a la ribera del río Cauca, junto a tres hermanas más –Marina, Cecilia y Alicia– se la pasó en medio de cultivos de millo, caña de azúcar y nadando en las caudalosas aguas del afluente del río Magdalena. Muchas veces su madre Ana Dolores recurrió a tirarle piedras para que saliera del río.

Mariela Mondragón jamás se imaginó, siquiera, que muchos años después iba ser una dama millonaria, respetada e importante de la sociedad del Valle del Cauca… a quien nadie le diría nunca más Mariela, sino Doña Mariela… de Rodríguez, la esposa de Don Gilberto.

En la Droguería La Perla conoció a un mensajero, de 17 años de edad, que empezó a cortejarla desde que llegó. Al poco tiempo le propuso matrimonio. Tiempo después su esposo se convirtió en el hombre más poderoso de Colombia y en uno de los jefes del Cartel de Cali.

Mariela pasó a convertirse en una señora de hogar, su marido dijo que asumía la responsabilidad total de la casa. Los ingresos no eran los mejores pero con sacrificio "y ahorro" se podía salir adelante, le decía Gilberto a su esposa, a quien la vida había golpeado mucho en su infancia. La palabra sacrificio era para ella sinónimo de sufrimiento, sólo tenía que recordar las necesidades por las que atravesó junto a sus padres y hermanas para corroborarlo. Tal vez por ello era una mujer de pocas palabras. Si bien era cierto que hacía de señora de la casa, la verdad era que el control y total manejo siempre estuvo en manos de su marido. En fin, lo importante para ella era no sentirse sola para enfrentar esta

47

nueva etapa de su vida, a pesar de saber que su marido era un hombre excesivamente autoritario y controlador.

Sólo estaba permitido hacer lo que él autorizaba. Quien iba a conocer de primero esta ruda y violenta manera de educación, sería su primogénito, Fernando Rodríguez Mondragón.

Este es el hijo que más físicamente se parece a su padre Gilberto, pero este parecido fue más allá… también llegó a parecerse a su padre en el *oficio* que desempeñaba… el delito.

"Es que uno aprende del oficio del papá y desde muy pequeño yo lo que veía era 'cosas raras' en mi casa. Y eso era lo que me gustaba hacer", pensaba Fernando en Cómbita buscando respuestas a sus interrogantes.

Otras veces se la pasaba pensando en como su padre y su tío tenían el control de toda la familia, incluidas sus hermanas, cuñados y sobrinos. Nadie, con excepción de Fernando se atrevió a contrariar a estos señores.

Pero ellos eran una familia pequeña, por lo que era más fácil controlarla. Además que la mejor forma de sumisión esté en el poder del dinero.

* * * * *

Los hijos de Carlos Rodríguez Prieto y Ana Rita Orejuela fueron ocho, dos fallecieron de muerte natural. Les sobrevivieron:

Haydee Rodríguez Orejuela, de 68 años de edad, es la primera de todos. Sus hermanos le dicen cariñosamente 'Pajarito', por ser de baja estatura. Es especializada en Derecho Comercial. Se casó por primera vez con Enrique Muñoz. Tuvieron dos hijos: Juan Carlos y Soraya Muñoz Rodríguez. El primero llegó a ser Gerente de Compras de Drogas La Rebaja. Su hermana terminó estudios profesionales, se casó y se dedicó a su hogar. Enrique Muñoz murió atropellado por un carro cuando salía de un motel de Cali, que estaba ubicado en la Calle 5 frente al Autocine viejo.

Tiempo después empezó un oculto noviazgo con Hernán Rojas, quien era un trabajador de la empresa del Acueducto de Cali, se casaron en Ciudad de Panamá. La nueva unión fue avalada por los jefes del Cartel, pero cuando descubrieron que Rojas era todo un fiasco le quitaron el respaldo. Haydee no tuvo más opción que dejarlo y pedirle el divorcio.

La mayor del clan de los Rodríguez Orejuela en su momento fue la gerente y copropietaria, en compañía de su hermano Gilberto, de una gran empresa radial que se conoció como el Grupo Radial Colombiano, GRC. De esta formaron parte respetados narradores y cronistas deportivos de Colombia, entre los que se destacaron Carlos Antonio Vélez, Óscar Rentaría Jiménez, Mario Alfonso Escobar y Rafael Araujo Gámez. Los patrones del GRC los llamaban 'los chicos malos'.

* * * * *

El segundo de los hermanos Rodríguez Orejuela es Gilberto. Nació el 31 de enero de 1939, en Mariquita, Tolima. Estudió primaria en el colegio San Luis Gonzaga de Cali; bachillerato en el Moderno, y Administración de Empresas en el Colegio de Administración de Empresas de Cali.

Su primer trabajo fue cuando tenía 12 años de edad en la Droguería La Perla de Cali. Luego fue agente viajero y a inicios de 1970 se independizó al montar su primera droguería, Monserrate. Desde allí comenzó un rápido ascenso que lo llevó a estar entre los hombres más ricos del mundo. Algunos de sus negocios fueron: distribuidor exclusivo de la Chrysler para Colombia, socio principal de las estaciones Terpel del Valle del Cauca. Con la venta de esta última se convirtió en el principal accionista de Corfiboyacá; lo mismo que de Tecnoquímicas. En esta última fue socio del señor Barberi, para ese entonces esposo de la política del Valle Claudia Blum, quien tiempo después se convirtió en la Presidenta del Senado. Miguel Rodríguez en una declaración manifestó sentir "satisfacción" y "orgullo" de departir con ella, entre otras personas. Gilberto también fue miembro de la junta directiva del Banco de los Trabajadores.

Se casó por primera vez con Mariela Mondragón con quien tuvo cuatro hijos: Fernando, Jaime, Humberto y Alexandra

Rodríguez Mondragón. Mientras vivía con Mariela tuvo una aventura con otra mujer y nació otro de sus hijos, Jorge Alberto.

Jaime se convierte en el hermano cercano de Fernando. Terminó en 1976 bachillerato en el colegio Fray Damián de Cali. Se graduó como Ingeniero Industrial con tesis laureada, que desarrolló con su compañero Jorge Castro, en la universidad del Valle. Realizó un postgrado en la universidad de Columbia en Estados Unidos y otro en París. Al regresar se radicó en Bogotá para manejar el Grupo Radial Colombiano. Lo hizo hasta cuando esta cadena radial fue vendida a una organización cristiana liderada por Jimmy Chamorro.

Era común ver a Jaime los fines de semana, junto a amigos y periodistas del GRC, en los bares Borsalino y la Fuente Azul, ubicados en la Avenida Pepe Sierra. Se casó con Adriana Orozco en una ostentosa ceremonia en Cali. Sus hijos son Vanesa, Valentina y Jaime Andrés.

En la época de niñez, adolescencia y parte de la juventud Fernando y Jaime fueron muy amigos. Llegaron a compartir todo, "hasta las mozas", siempre salían juntos a divertirse.

Pero de un momento a otro Jaime vio que Fernando era un problema para la familia, empezó a avergonzarse de su hermano, hasta el punto de ni siquiera pasarle al teléfono. Son tan malas sus relaciones que parecen acérrimos enemigos.

Jaime cree que a Fernando se le dio la mano lo suficiente y que ellos no están en obligación de ayudarlo.

Cuando Fernando salió de la cárcel buscó la ayuda de su familia por intermedio de su hermano Jaime, quien es el que maneja todos los asuntos económicos de la casa Rodríguez Mondragón. Su hermano se negó a hablar con él y le dijo que le habían aprobado 500.000 pesos mensuales, que se defendiera con eso.

Nunca más han hablado.

Su otro hermano es Humberto, 'El Flaco'. Este terminó en el colegio Coomeva de Cali y se graduó como Ingeniero Industrial en la universidad Javeriana de Cali. Realizó un postgrado en la universidad de Stanford en California, Estados Unidos. Fue la persona encargada de manejar todos los negocios lícitos, fuera de Drogas La Rebaja, de propiedad de su padre. Es la persona que más sabe dónde están todas las inversiones de Gilberto Rodríguez. Fernando define a su hermano Humberto como a una persona calculadora, de pocas palabras, pero que le gusta solucionar todo de una vez, con él siempre hay una respuesta inmediata a cualquier problema o decisión.

Se casó con Flor de María Sanclemente. La celebración de la boda fue en el Club de Ejecutivos, a donde asistieron decenas de personalidades de la vida social, pública y política del país. Asistió la plana mayor del Club América de Cali, que incluía directivos, jugadores y técnico. Esa rumba es aún es recordada en el Valle del Cauca. La fiesta fue amenizada por Óscar de León, la agrupación merenguera Rikarena y el grupo Niche. La fiesta terminó a las 9 de la mañana del día siguiente, pero siguió en la casa de su mamá, Mariela. Hasta allá llegó un selecto grupo de amigos entre los que se encontraba Manuel Francisco Becerra, más conocido en Cali como 'Kiko' Becerra, ex Contralor General de la República. Pero el 'alargue' de la celebración terminó intempestivamente cuando Mariela Mondragón sorprendió a 'Kiko' Becerra fumando marihuana en su baño privado. El escándalo fue tremendo.

Los hijos de Humberto y Flor son Sebastián y Camilo.

Flor de María fue la persona que se encargó de buscar la manera que toda la familia supiera de cada miembro. Con mucha paciencia hizo un gran directorio con todas las fechas especiales de cada integrante de la dinastía Rodríguez Orejuela y descendientes. De esta manera nunca un cumpleaños paso inadvertido. Todos cargaban un listado.

Alexandra es la cuarta y última del matrimonio Rodríguez Mondragón. Es Ingeniera de Sistemas de la Universidad de San Buenaventura. Fue la consentida de la familia. Nació en la época que su padre lo tenía todo. El primer edificio que construyó Gilberto Rodríguez en Cali, en la 7ª con Cle. 14, le puso por nombre 'Alexandra'. Se casó muy joven con Andrés Roa y tienen tres hijos, Valeria, María del Mar y José Miguel.

Entre Fernando y Jaime existe otro hermano, Jorge Alberto, que nació de una relación extramatrimonial de su padre con Nelly Herrera. Éste es Ingeniero Químico, se crió en Bogota y es muy malgeniado. Su fuerte carácter fue el motivo que no le permitió tener una buena relación con su padre, hasta el punto que éste no le volvió a dar un peso desde 1995. Por lo que le tocó arreglárselas sólo. Trabajó por tres años en la empresa Smurfit de Colombia, pero cuando los jefes supieron de quien era hijo lo despidieron sin contemplación. Después se casó y montó una floristería.

Gilberto Rodríguez empieza una nueva relación en Bogotá con Miriam Ramírez Libreros, quien tiene una hija llamada Claudia Pilar, adoptada más adelante. El único hijo biológico de esta nueva unión del mafioso fue André Gilberto, más adelante Miriam convenció a Don Gilberto que adoptaran un niño. Al nuevo miembro le pusieron por nombre José Alejandro.

El jefe del Cartel de Cali se casó con Myrian Ramírez unos días antes de ser extraditado a los Estados Unidos, para que pudieran darle visa.

André Gilberto Rodríguez Ramírez le tocó la época de 'gloria' de su padre. Como todos sus demás hermanos, terminó estudios universitarios, se graduó en Economía y realizó una especialización en Boston. Pero su verdadera debilidad era el automovilismo, su padre patrocinó la práctica de este costoso deporte.

Esta era la misma época en que despuntaba otro conocido corredor de autos, Juan Pablo Montoya. Los títulos nacionales de Kart en Colombia se los repartieron entre los dos.

Muchas veces los carros de Juan Pablo Montoya fueron transportados en los trailers de André Rodríguez.

El hijo de Don Gilberto fue el primero en firmar un contrato para correr en la fórmula tras mil con el equipo Penske.

Cuando Fernando estaba en la cárcel de Cómbita se enteró que estaba prohibido en las prisiones de Alta Seguridad ver las carreras de Juan Pablo Montoya, porque lo acusaban de ser uno de los principales donadores para que estas se construyeran.

André estuvo a punto de casarse con Karem Martínez. Varias veces la llevó a La Picota en Bogotá y a la cárcel de Palmira, Valle, a visitar a su suegro. La relación terminó tiempo después y Karen terminó siendo la esposa del cantante Juanes.

El otro hermano de Fernando es José Alejandro. Tiene la fortuna de haber sido adoptado, legalmente por intermedio del Instituto Colombiano de Bienestar Familiar, a las dos horas de nacido por Miriam Ramírez y Gilberto Rodríguez. Su niñez se la pasó haciéndole compañía a su padre adoptivo en la cárcel. En la prisión de Palmira llegó a tener un cuarto lleno de juguetes. La única vez que tuvo la oportunidad de compartir fuera de la cárcel con su padre fue éste tuvo libre por seis meses.

El principal problema de Don Gilberto con sus mujeres era cuando llegaba fin de año. Ambas les exigían que pasara Navidad y la fiesta de Fin de Año con ellas. Fueron famosas las trifulcas en el hotel Intercontinental entre el jefe del Cartel y Miriam Ramírez.

Otra mujer que pasó por la vida del Jefe del Cartel de Cali fue Aura Rocío Restrepo Franco, la princesa en 1988, del XVIII Reinado del Turismo en Girardot. Con ella no tuvo hijos, pero fue por un largo tiempo una de sus consentidas. Hasta el punto de montarle un elegante almacén en un sector exclusivo de Cali, se llamó 'Newport Market'. Allí era donde se encontraban los más finos y costosos artículos importados para belleza, entre las selectas marcas estaban, Dior, Lancome, Clarins, Estée Lauder y Clinique. También se vendían equipos para Gimnasia Pasiva, bebidas energizantes y había una sección de dulces y chocolates traídos de Estados Unidos y Suiza, respectivamente. La ex princesa se puso un sueldo de cinco millones de pesos mensuales. Todos los meses convencía a su amante para que le cubriera el déficit que acumulaba por los malos manejos y despilfarro.

Hasta que llegó el momento que el patrón se fastidió de ella por ser tan 'vampira'. Pero cercanos al jefe del Cartel afirman que no fue por eso que se alejó de su amante, si no porque ella fue la culpable de que las autoridades lo ubicaran el 9 de junio de 1995. Cuando Don Gilberto estaba detenido la ex reina se consiguió un nuevo novio, un médico. El pretendiente decidió ir hasta la prisión para solicitarle permiso al jefe del Cartel. Ya que se sabe que una amante de un mafioso nunca se convierte en ex mientras él siga mandando. Don Gilberto lo recibió, lo escuchó y le dijo: "Hágale tranquilo, pero usted no tiene la plata para aguantar a esa vieja y es ninfómana, además". Y así lo comprobó al poco tiempo su nuevo amante.

*****

En total son ocho los hijos de Gilberto Rodríguez, pero él siempre se refirió a siete. Sólo mencionó a Fernando en sus diligencias ante la Fiscalía, de resto es como si nunca hubiese existido.

*****

Después de Gilberto sigue Rafaela Rodríguez Orejuela, 64 años, mujer de gran corazón y carisma. Se casó por primera vez con Jaime Idárraga, quien era gerente de ventas para Colombia de la multinacional norteamericana IBM. De este matrimonio nacieron dos hijos: Mauricio y Marcela Idárraga Rodríguez.

La IBM fue la empresa que fue seleccionada para hacer las boletas de entrada a todos los escenarios de los Juegos Panamericanos que se realizaron en Cali en 1971. Esto le permitió a toda la familia Rodríguez acceder a todos los eventos deportivos. Fernando revendió muchas de estas boletas, con el producido compraba helados que luego vendía en las tribunas del estadio de béisbol. Rafaela se separó de Jaime Idárraga y se casó por segunda vez con Alfonso Maquilón, quien estuvo preso durante cinco años por narcotráfico. Recuperó su libertad en el 2002.

El hijo mayor de Rafaela, Mauricio Idárraga Rodríguez, estuvo vinculado como empresario al fútbol profesional colombiano. Fue el mayor accionista del Real Cartagena y bajo su presidencia el club subió a primera división. Mauricio fue asesinado el 13 de junio de 2005, por unos sicarios que se movilizaban en un taxi, cuando salía de una agencia de viajes en la Avenida Sexta de Cali. Gilberto

Rodríguez Orejuela responsabilizó al padrastro de Mauricio, Alfonso Maquilón, de la muerte de su sobrino. Maquilón era un narcotraficante de poca monta, ex empleado de Gilberto.

Maquilón fue víctima de un atentado en Cali, luego de salir de prisión, en la acción logró salvar su vida pero perdió un ojo.

Rafaela fue gerente regional del Grupo Radial Colombiano, hasta que su sobrino, Jaime Rodríguez Mondragón, llegó de especializarse en el exterior.

Tiempo después la detuvieron por enriquecimiento ilícito. La privación de la libertad y luego la muerte de su hijo resquebrajaron su salud seriamente.

* * * * *

El cuarto hermano es Miguel Rodríguez Orejuela, 62 años. Nació el 15 de agosto de 1943. Estudió primaria en el colegio Champagnat, el bachillerato en el Santa Librada de Cali. Años después estudió Derecho, carrera que terminó cuando estaba en la cárcel. Trabajó en las droguerías de su hermano y por un tiempo laboró en Avianca.

Su primera esposa fue Gladys Abadía, de esta unión nació William Rodríguez Abadía, quien tiempo después, según acusaciones de la DEA, asumió el control de todos los negocios del Cartel de Cali. Varios testigos lo señalaron como el mayor lavador de dólares. William terminó Derecho en la universidad San Buenaventura de Cali y realizó un doctorado en Derecho Empresarial y Mercadeo. Al regresar a Cali montó la empresa Derecho Integral junto a varios colegas, entre los que se encontraba Álvaro Holguín.

William se hizo famoso cuando fue víctima de un atentado en un restaurante de Cali en junio de 1996.

Mucho se ha dicho de este atentado, pero lo cierto es que William ese día estuvo con la gente y en el lugar equivocado.

El jefe de seguridad de Gilberto Rodríguez, para ese entonces, es un sujeto que lo conocen como 'Velosa'; el de William Rodríguez Abadía lo apodan 'Nico'. 'Velosa' y 'Nico' se juntan para cobrarle a un narco, al que conocen con el alias 'Primavera', que se había atrasado en el pago de un embarque de drogas, tres millones de dólares. La deuda estaba a favor de otro mafioso del Norte del Valle. Los dos cobradores se presentan a la casa del deudor. Luego de explicarle el motivo de su vista lo amarran, junto a sus dos pequeñas hijas y esposa.

El amarrado ruega por la vida de sus hijas y esposa. Les dice a sus captores que puede reunir dos millones de dólares en unas horas. Y pide un plazo de unos días para cancelar el millón restante. Los cobradores acceden a la petición del deudor, pero con la condición de quedarse con la familia como garantía para el pago del saldo.

'Primavera' cumple a las pocas horas con lo pactado, les entrega dos millones de dólares. Les dice que en la tarde les tiene el otro millón, para que le devuelvan a sus hijas y esposa.

Bien entrada la tarde los llama para informarles que les tiene el millón de dólares restante. Los cobradores lo citan en una cercana casa finca de Cali para hacer el intercambio. El deudor exige que le pasen al teléfono a sus hijitas y esposa. Los cobradores le explican que ellos no las tienen en ese lugar e insisten en el encuentro para la entrega del dinero y de la familia. 'Primavera' pone como condición que cuando le pasen a su esposa e hijas lleva los dólares.

Los cobradores no podían cumplir con esa exigencia ya que habían asesinado a la esposa y a las dos niñitas, con el fin de robarse parte de los tres millones de dólares. Como las deudas entre mafiosos se pagan con la vida, pretendían informarle al capo que le debían esa suma, que el deudor sólo había pagado una pequeña parte y que tocó matarlos a toda la familia.

El narco 'Primavera' dedujo lo que había pasado, desde hacía muchos años estaba en la mafia y sabía como se manejaban los negocios de las drogas. Llamó a un gran amigo suyo, también narcotraficante, Efraín Hernández, alias 'Don Efra', y le contó todo lo que había pasado. Éste a su vez se comunicó con uno de los dos más poderosos jefes del Cartel del Norte del Valle y le contó lo sucedido. Este poderoso mafioso de inmediato le prestó a 'Don Efra' una gente para que vengara el asesinato de la familia de su amigo. De inmediato se monta la cacería contra 'Velosa' y 'Nico'. Los cazadores sabían que 'Velosa' era muy arisco y "no daba la pata" fácilmente. Por lo que decidieron utilizar la estratagema que jamás fallaba en la mafia: hacer que un amigo lo "pusiera".

Los sicarios investigaron que 'Velosa' era gran amigo de Juan Pablo Diago, dueño de la discoteca Village Game. Por lo que deciden 'amarrarle' la familia a este último. Le dicen a Diago que lo único que tiene que hacer es citar urgentemente a 'Velosa' a la discoteca.

Un jueves, a las 11 de la mañana, saliendo de la discoteca Village Game, el jefe de seguridad de Gilberto Rodríguez Orejuela cae asesinado con más de 30 tiros en el cuerpo.

'Nico', el encargado de la seguridad de William Rodríguez Abadía, presentía lo que podría pasar por el asesinato de la familia de 'Primavera', pero no le cuenta a su jefe que él participó de la acción. Lo que hizo fue pasar más tiempo al lado de William, con la equivocada conclusión de que si andaba con él no se atreverían atacarlo.

Se cree que 'Nico' sabía que a 'Velosa' lo habían asesinado esa mañana. Por lo que decidió no dejar de andar con su patrón por un sólo momento.

A las 12:50 de ese jueves entraron al restaurante brasilero Río D'enero William Rodríguez Abadía, Óscar Echeverri –hermano de Marta Lucía Echeverri– 'Nico', un teniente retirado del Ejército y dos escoltas. Afuera se quedaron cuatro más vigilando los carros y la entrada.

Mientras están allí, llega coincidencialmente la tía de William, Amparo Rodríguez, acompañada con dos de sus hijas y otra señora.

Su sobrino la invita a que se siente con él, "para que no diga tía que yo no gasto". Su tía le agradece la invitación y declina el ofrecimiento y se va a otra mesa.

William llama a su primo Mauricio Idárraga para recordarle que lo estaban esperando en el restaurante, pero éste último le manifieta que está retrasado y que le llega más tarde. Cuando William cuelga entran dos tipos. Uno de ellos, que apodan 'Niño Grande', llevaba en cada mano una subametralladora Ingram; el otro atacante llevaba una pistola 9 mm. 'Nico' se pone de pie y se para a un lado de William Rodríguez. De nada sirvió, los agresores a penas lo divisaron 'fumigaron' con sus armas a todos los presentes en esa mesa. Era claro que primero iban a matar y a preguntar después.

El sicario de la pistola se acercó y comenzó a rematar a todos los caídos. Cuando llegó hasta donde William su compañero le dijo: "A ese no, es el hijo de Miguel Rodríguez."

William Rodríguez Abadía recibió cuatro impactos de bala, una de ellas en el estómago, que lo dejó gravemente herido. Fue llevado a la Clínica de Occidente donde le salvaron la vida.

El resultado de la acción dejó ocho muertos. Seis escoltas, 'Nico' y un ex oficial del Ejército. Lo primero que hicieron los Rodríguez Orejuela fue cercar con más de 50 escoltas a la Clínica de Occidente y encerrar a todos los miembros de la familia, hasta que se aclararó de dónde había venido el ataque. Es aquí cuando ocurre una interceptación telefónica entre Helmer 'Pacho' Herrera y Miguel Rodríguez Orejuela en donde se comienza a notar el nuevo mapa de poder de los carteles de las drogas en el Valle del Cauca. Es en este momento que el país comienza a oír hablar del "hombre del overol". Quien resultó ser Orlando Henao Montoya. Este narco fue el encargado de mandar asesinar a Helmer Herrera. Tiempo después un hermano de éste último, apodado 'El Entenado', porque andar en silla de ruedas, asesino en la cárcel a Montoya Henao.

Tiempo después, Miguel Rodríguez Orejuela celebró la muerte de 'Don Efra', a manos de un socio en el Centro Comercial Santa Bárbara, de Bogotá. En su momento se llegó a afirmar que el jefe del Cartel de Cali fue quien hizo posible que capturaran con drogas a Sandra Murcia, esposa de 'Don Efra'.

Miguel Rodríguez Orejuela fue quien aprovechó el fútbol para incursionar en la sociedad y el pueblo del Valle del Cauca. Esto mismo le inculcó a su hijo William, quien heredó la dirección del Club América, a pesar de ser hincha del Deportivo Cali.

La historia del Cartel de Cali no se puede narrar sin hablar de la incursión de los Rodríguez Orejuela en el fútbol colombiano.

III. EL *HOBBY* DEL CARTEL DE CALI: EL FÚTBOL

Los Rodríguez Orejuela sabían donde invertir su dinero, por lo general lo hacían en los segmentos que les proporcionaran poder e influencia en la sociedad valluna. El fútbol fue uno de ellos.

De los hermanos quien dio los primeros pasos como empresario de fútbol fue Gilberto Rodríguez Orejuela, de la mano del dueño del club de fútbol bogotano Los Millonarios, Hermes Tamayo, quien a su vez era muy amigo de Gonzalo Rodríguez Gacha, 'El Mexicano'. Este fue en últimas el que terminó siendo el amo y dueño de Millonarios. Era normal ver entrenar en la sede deportiva del equipo capitalino, al hijo mayor del narcotraficante Rodríguez Gacha, junto a toda la nómina titular.

'El Mexicano' acostumbraba ir a visitar a Don Gilberto en la oficina que este último tenía en el centro de Bogotá. Allí tuvo la oportunidad Fernando de conocerlo. Fue en uno de esos encuentros que fue invitado por Rodríguez Gacha a un partido de fútbol en el municipio de Pacho, en Cundinamarca. Era un encuentro que jugaba Millonarios en la tierra de su patrón.

El estadio estaba lleno. En la pista atlética había dos sillas reclinomáticas en donde estaban sentados 'El Mexicano' y Fernando Rodríguez. Al término del partido el árbitro se acercó al mafioso y le dijo: "¿Qué tal estuve, patrón?" Se trataba de un *referee* del fútbol profesional colombiano que apodaban 'El Kilométrico'.

Gilberto Rodríguez Orejuela compró varias acciones de Millonarios por intermedio de su amigo 'El Mexicano'. Le contó a su hermano Miguel de la inversión, éste se inclinó por hacer lo mismo pero con un equipo de Cali: El América. Miguel Rodríguez hizo saber a varios amigos sus intenciones de financiar al América, el rumor no demoró en llegar a los oídos del directivo del club, Pepino Sangiovanny, quien también era amigo del jefe del cartel. Se puso en contacto con él y lo invitó a un partido de fogueo, que se realizó en una cancha ubicada en medio de unos cañaduzales de un ingenio azucarero del Valle del Cauca. El mafioso aceptó la invitación a ver el encuentro para ver la posibilidad si decidía invertir en el onceno conocido como 'Los Diablos Rojos'.

El directivo Sangiovanny se preparó con todo para sorprender al posible mecenas de la institución, que jamás había ganado una estrella y nunca había estado entre los primeros lugares del fútbol colombiano.

Sangiovanny se reunión con todos los integrantes del plantel, que en su mayoría lo integraban jugadores de color, y les dijo que tenían que soltarla toda, ya que tenían a un invitado muy especial, que estaba interesado en comprar el club.

El partido se inició como estaba programado, las únicas novedades fueron que se jugó con un solo balón, que no hubo recogebolas ni jueces de línea. Luego de 20 minutos de juego, cada vez que salía un balón al lateral, el jugador que se metía entre los cañaduzales era cambiado por otro jugador.

Fue así como el interesado comprador vio durante 90 minutos a un equipo que jugaba 'a todo vapor', que jamás renunció a correr y al sacrificio. El directivo al terminar el partido le dijo a su invitado: "Vio Don Miguel que tenemos un equipo que se sacrifica y corre durante todo el partido, lo que nos falta es un inversionista, como usted, para salir de las últimas posiciones".

Miguel Rodríguez salió muy entusiasmado con lo que vio, a los pocos días se convirtió en el amo y dueño del club caleño y lo convirtió en un imbatible equipo que ocupó los primero lugares en el fútbol colombiano. Fue tres veces subcampeón de la Copa Libertadores de América.

Para 1979 el club fue reforzado con el veterano Alfonso Cañón y los extranjeros Juan Manuel Bataglia y Gerardo González Aquino. Como técnico fue contratado el más exitoso técnico de Colombia para ese entonces, Gabriel Ochoa Uribe.

Bataglia por ser menor de edad tuvo que venirse para Cali con toda la familia. Gastos que pagaba Miguel Rodríguez. La inversión dio resultado ese mismo año, quedaron campeones. La celebración fue estruendosa, así pueden afirmarlo todos los empleados del Hotel Intercontinental de Cali. Asistieron directivos, jugadores, familiares, amigos y personalidades del Departamento. Ese 23 de diciembre de 1979 jamás se borró de la hinchada roja. Hasta una barra nació: 'Aquel 23'.

Para 1980 el América de Cali era el nuevo juguete de Miguel Rodríguez. Era la manera de demostrar su poder ante la sociedad caleña. Ya a los hinchas no les daba vergüenza lucir la camiseta del club. Por lo que Don Miguel no podía estar por debajo de las expectativas. Por ello trajo a Willington Ortiz, Hernán Darío Herrera, Pedro Sarmiento, Víctor Lugo, Anthony de Ávila, Julio César Falcioni, Gareca, Pascutini, Julio César Uribe y Roberto Cabañas, entre otros.

Con la llegada de los extranjeros al América llegaron las mañas para estar a 'tono' en los partidos. Era normal que se preparan unas bebidas que los jugadores consumían antes y durante el partido. Brebajes que los ponía 'eléctricos' durante todo el juego y lo tomaban con toda libertad porque no existían los controles antidopaje o eran manipulados. En el camerino ponían dos termos, uno era azul, que sólo los jugadores titulares sabían que contenía; estaba otro de color rojo, que era para el técnico y demás integrantes del plantel. En una ocasión el técnico Ochoa Uribe se sirvió una taza del termo equivocado y demoró tres días sin dormir. Fue tal su preocupación que fue al siquiatra.

Los jugadores encargados de traer, desde Argentina, las pastillas, que maceraban para hacer el brebaje eran las estrellas Falcioni y Gareca.

Las pocas personas que vieron llorar a Miguel Rodríguez fueron los que lo acompañaron a ver las tres finales de la Copa Libertadores que perdieron.

Algunos se atreven afirmar que la Confederación Suramericana jamás iba a permitir que un equipo financiado por el narcotráfico fuera campeón de América. Pero todo no fue tristeza, ya que el club conquistó 13 estrellas en el torneo colombiano.

Aunque la mayoría de la familia Rodríguez Orejuela era hincha del Deportivo Cali, fue en el club América de Cali donde pudieron invertir a mayor escala. La familia se dividió: unos estaban con los verdes del Calí y otros con los rojos del América, pero cuando este último estaba disputando Copa Libertadores todos se unían por solidaridad con el tío Miguel.

En el estadio Pascual Guerrero tenían su propio palco y el privilegio de que sus carros podían estacionarse en un sector de parqueo que estaba en el interior del escenario.

Fue tal el poder del América de Cali en el fútbol colombiano que de un momento a otro llegó a imponer directivos y orientar las políticas a seguir en cada torneo. Ese poder también se extendía a la Federación Colombiana de Fútbol cuando fue manejada por León Londoño Tamayo, amigo personal de los hermanos Rodríguez Orejuela; Juan José Bellini, quien fue la mano derecha de Miguel Rodríguez; y Álvaro Fina, quien fue incondicional con los capos.

Miguel Rodríguez llegó a tener cupos fijos en las selecciones Colombia, esto es que tenía derecho a sugerir jugadores, técnicos y médico.

Pero el verdadero poder de los capos se podía apreciar cuando para fin de año se sorteaban las fechas del octogonal final. Un día antes cogían una de las ocho balotas del sorteo y la metían en un congelador. La persona encargada de escoger 'al azar' las balotas sabía que la 'fría' era la del América. Por ello se vio el equipo de Cali muchas veces beneficiado con los rivales y con la ventaja de empezar y terminar de local.

Un directivo de la Dimayor contó que esta misma práctica se usó en el sorteo de la Copa América que se realizó en el 2001 en Colombia.

Después de las capturas de los hermanos Rodríguez empezaron a manejar un bajo perfil en el fútbol colombiano. A la nueva generación le gustaba la idea de ser empresarios del balompié nacional. Tal era el caso de William Rodríguez Abadía y de Mauricio Idárraga Rodríguez, éste último hijo de Rafaela Rodríguez Orejuela con su primer esposo Jaime Idárraga.

Mauricio fue el artífice del ascenso del Real Cartagena a la primera división del fútbol colombiano. Era en realidad el propietario del club y del pase de varios jugadores, entre los que se encontraba la estrella de ese momento David Ferreira.

Fernando acompañó a su primo en varios partidos y le tocó ver como se arreglaron varios partidos.

El encargado de hacerlo era el árbitro Hernán Velasco.

Este personaje del arbitraje colombiano se encuentra desaparecido desde el año 2002 cuando fue sacado del centro comercial Plaza Norte por varios hombres armados que se lo llevaron. Velasco nunca llegó a tener escarapela de árbitro Fifa, ya que tuvo un accidente para los días en que tenía que presentar los exámenes físicos. Resulta que se le dio por llegar a un partido que debía pitar en paracaídas, cayó mal y se fracturó un tobillo. Este árbitro fue siempre protegido por el dirigente del fútbol profesional colombiano Álvaro González.

Para el año 2000 la mayoría de los partidos era los domingos. Desde el martes en la noche Hernán Velasco ya sabía quiénes eran los árbitros de esa próxima fecha. La información llegaba a los Rodríguez que se encargaban de sobornar a los jueces, entre los que se encontraban Fernando Paneso, Flavio Rojas, J. J. Toro y Wilmer Barahona.

Fernando, hincha furibundo del Deportivo Cali, no le preocupaba que el club América arreglara partidos, a menos que fuera el clásico del Valle del Cauca. En una ocasión fue coincidencialmente un medio día a la oficina de su primo, William Rodríguez, directivo del América, a saludarlo. Cual fue su sorpresa cuando se encontró a su pariente almorzando con J. J. Toro, el árbitro asignado por la Dimayor, para pitar el clásico América – Deportivo Cali.

–No seas descarado primo, como tenés a este árbitro aquí para que te arregle el partido.

Fernando sólo se sonrió.

Ese domingo por supuesto que le Cali cayó derrotado ante el América. A William no le quedó más remedio que reconocer que muchas veces arregló partidos para el América y para el Cali.

Lo cierto es que William Rodríguez termina directivo del América por su padre Miguel, pero él era hincha inicialmente del Cali. Era tal su fanatismo por el 'verde' que cuando perdía no se le podía dirigir la palabra como por tres días.

Fernando fue el encargado, tiempo después, de llevarle al árbitro Flavio Rojas, siete millones de pesos para arreglar un partido del América. La entrega se hizo en el municipio de Chinchiná, Caldas, ya que le juez trabajaba allá en una sucursal del Banco Popular.

A inicios del año 2000, era de siete millones era la tarifa estándar que se pagaba a un árbitro por un partido. Eso lo sabían todos los dirigentes de los equipos del fútbol colombiano, hoy ha debido de subir considerablemente. En otra ocasión el Deportivo Cali necesitó de 'ayuda extra' y decidieron varios socios 'pagar' el arbitraje. Nuevamente Fernando fue el escogido para entregar los siete millones, el intermediario fue Hernán Velasco.

Por alguna razón no alcanzaron a recoger todo el dinero por lo que decidieron informarle al técnico del Cali, José 'Cheché' Hernández, quien accedió a prestar el dinero que faltaba para el soborno. Luego fueron hasta un cajero de la Avenida 6ª con Cle. 23 a sacar el dinero faltante.

Hay una anécdota con Hernán Velasco en el sentido que en un partido Medellín-Junior le recibió plata, siete millones, a los dos equipos en contienda. En el segundo tiempo el partido estaba empatado a un gol. En una extraña jugada Velasco resulta lesionado y es retirado del partido. Terminó pitando el llamado cuarto árbitro. Velasco se embolsilló 14 millones.

Pero no sólo a nivel nacional se sobornaron árbitros también lo intentaron internacionalmente.

Cuando el Deportivo Cali fue a jugar a Brasil el partido de vuelta contra el Palmeiras por la final de la Copa Libertadores, en 1998, una amplia delegación fue a acompañar al equipo. Fernando fue a ese encuentro en compañía de su primo Mauricio y varios socios del cuadro 'azucarero'.

Entre los socios reunieron 150.000 dólares, que se los enviaron al árbitro del partido, que estaba alojado en el hotel Marriot. Pero horas antes del encuentro el emisario regresó con el dinero.

Resulta que Ricardo Texeira se reunió con los árbitros del partido y les advirtió que si llegaban a recibirle un dólar a los colombianos los hacía borrar de la lista de jueces de la Fifa. Esa noche el árbitro del partido no favoreció, ni al Cali, ni al Palmeiras, el encuentro se definió por tiros desde el punto penal. El Cali perdió y quedó subcampeón de la Libertadores.

Entre los socios del Cali rondaba el rumor de que a los argentinos les encantaba que les pitara J. J. Torres porque lo tenían en nómina. Y por muchos años, en los año 90, lo hizo en los encuentros que jugaban los clubes argentinos. Comentaban que la tarifa que cobraba era de 50.000 dólares.

El único árbitro que inspiraba confianza era Óscar Julián Ruiz, porque jamás lo pudieron sobornar.

Pero todo no ha sido alegría para los Rodríguez en el fútbol colombiano. Mauricio Idárraga Rodríguez, accionista del Real Cartagena, fue asesinado el 13 de junio de 2005 en Cali, cuando salía de una agencia de viajes. Responsabilizan de su asesinato a su padrastro, Alfonso Maquilón, quien fue empleado de Gilberto Rodríguez.

Miguel Solano fue un mafioso que llegó a tener muchísimos millones de dólares, era considerado la mano derecha de Diego Montoya. Le encantaba el fútbol y era hincha furibundo de la selección Colombia.

En las eliminatorias para el Mundial de Fútbol de EE. UU. - 1994, para el partido Argentina – Colombia, en Buenos Aires, el del famoso 5 a 0. Miguel Solano contrató un vuelo charter, para llevar a todos sus amigos a ver ese encuentro. Todos los gastos, incluidos los de hotel, alimentación y bebidas, fueron costeados por el mafioso.

Todos se alojaron en el hotel Hilton de Buenos Aires.

Era normal ver a Miguel Solano alojado en los mismos hoteles de la selección cuando jugaba en Colombia o en el exterior. Para finales de los años 90 Solano se fue para los Estados Unidos y negoció con la justicia de ese país. Entregó toda su fortuna y le permitieron comprar una empresa transportadora allá. Pero en diciembre de 2000 decidió regresar a Colombia, se vino de vacaciones a Cartagena. Una noche al salir de una prestigiosa discoteca cayó asesinado. Del crimen responsabilizaron al Cartel del Norte del Valle.

* * * * *

La segunda señora de Don Miguel Rodríguez fue Amparo Arbeláez a quien todos en la familia le decían 'La Champucera', ya que su familia vivió de vender 'champús', bebida típica del Valle del Cauca. Se casaron por lo civil en Ciudad de Panamá. Tuvieron tres hijos: María Fernanda, Juan Miguel y Carolina Rodríguez Arbeláez.

El jefe del Cartel la conoció por allá en 1974, en una Feria de Cali, en el Hotel Intercontinental en un remate de corrida, ese mismo día también fue presentada a Don Gilberto.

Era de familia pobre. Su madre, Doña Chila, vivía de hacer empanadas, pasteles y champús. Vivió en el barrio Guayaquil y ayudaba a su mamá con la venta. Las mejores ventas las hacía cerca al puente del Comercio, en donde aprendió a bailar salsa.

Amparo Arbeláez tenía 17 años cuando Miguel Rodríguez se llevó a vivir a un apartamento frente a la iglesia de San Bosco. La cama en donde dormían le faltaba una pata, que fue remplazada por dos ladrillos y debajo había una bacinilla que le gustaba usar.

Para el bautismo de María Fernanda ya la familia Rodríguez Arbeláez vivía en una casa arrendada del barrio Champagnat. La situación económica había mejorado, pero sólo dio para sancocho y aguardiente.

Para esta época Miguel y Gilberto andaba, cada uno, en un Dodge Demon, el del primero era azul y el del otro blanco. Y como amigos y socios en lo que tiene que ver con el bandidaje tenían a Antonio 'Capi' Marmolejo, ex agente del F-2, y a Jairo Cárdenas.

Don Miguel, mientras estuvo con Amparo tuvo una relación extramatrimonial con Fabiola Moreno. Esta mujer hizo un curso de santería en Cuba, por lo que era conocida como 'La Santera' o 'La Bruja'. Tres hijos resultaron de esta unión, Miguel Andrés, quien también es santero, Juan Pablo y Estefanía Rodríguez Moreno.

* * * * *

La cuarta mujer que tuvo Don Miguel fue la ex reina Marta Lucía Echeverri, Miss Colombia en 1979.

Ella se había ido para Cali luego de una penosa separación con su primer esposo, un próspero industrial de Medellín de apellido Ulloa. La ex reina lo sorprendió con otro hombre en su alcoba. El ex marido le cobro la separación quitándole todo.

Era costumbre en Cali que a los hermanos Rodríguez Orejuela le presentaran a las más bellas mujeres, solteras, casadas o separadas. Miguel Rodríguez se conoció con la ex reina en 1983 por intermedio del directivo del club América de Cali, Edgar García Mantilla, quien a su vez era novio de Selene, hermana de Marta Lucía. La conocían en el mundo de la mafia como 'Miss Zipaquirá', por lo 'salada' que era, ya que todo novio que tenía terminaba preso.

García Mantilla fue capturado después del mundial de fútbol Italia - 90 cuando reclamaba en Luxemburgo una plata del fallecido narcotraficante del Cartel de Cali, José 'Chepe' Santacruz Londoño.

Miguel Rodríguez le propuso a su nueva conocida la dirección de la Revista del América. También le pidió que lo acompañara, como amigos, a una gira por Suramérica del América. Ya de regreso a Colombia volvió como marido de la ex reina.

A las pocas semanas del regreso el ex marido de Marta Lucía le estaba haciendo entrega de todo lo que le correspondía por la separación, además le mandó una sentidísima petición de perdón.

Marta Lucía se convirtió en una mujer imprescindible para Miguel Rodríguez, fue ella la que le enseñó todo el toque de clase y glamour que le sirvió para conseguir muchos de sus objetivos. Marta Lucía fue la que hizo que Miguel Rodríguez apreciara lo que era la estricta etiqueta. Le hizo ver que en los eventos sociales elegantes estaba las oportunidades de llegar a todos los niveles de poder.

Fue tal el amor de Miguel por la ex reina que la envió a Houston, Estados Unidos, a que le hicieran un tratamiento para que pudiera concebir. Tuvo un costó de 200.000 dólares.

De esta relación nació María Andrea Rodríguez Echeverri. Con Marta Lucía en la vida de Miguel Rodríguez cambiaron las maneras de las celebraciones de todas las fechas especiales. Se notó a plenitud en el primer cumpleaños de su hija María Andrea.

El festejo fue en la amplia área social de su apartamento del barrio Cristales, en la llamada calle mocha. Todos los niños fueron atendidos por recreacionistas y payasos. Todo tenía un toque de distinción.

Las sorpresas fueron unos pequeños acuarios con unas tortuguitas y una bolsa de dulces y regalos.

Se pasó de las piñatas de barro y de las estrafalarias sorpresas de betamax, televisor y grabadora, en la época de Amparo Arbeláez, a elegantes celebraciones y refinados regalos.

También se pasó de extravagantes 'comilonas' en fincas, a sofisticados platos, servidos por curtidos meseros, en los lujosos salones de los principales hoteles de Cali.

Al tío Miguel le tocó dar un salto monumental en sus costumbres. El primero lo dio cuando vivía con Amparo Arbeláez, tuvo que dejar la bacinilla que usaba debajo de su cama, cuyas patas eran unos bloques de arena, por el elegante baño de su alcoba.

Tal vez por esto la hija mayor de Amparo, María Fernanda, cada vez que se encontraba con Marta Lucía la cogía por el pelo y la insultaba.

Entre Marta Lucía y Fernando todo no fue color de rosa. En la época de las novenas navideñas, la esposa de su tío los mandaba a llamar para darles los regalos de Navidad. A todos los demás les daba relojes Rolex, finas camisas, vestidos o corbatas, a él le entregaba una botella de whisky. De esta manera era humillado delante de los demás. No decía nada por respeto a su tío que tanto lo había ayudado.

Miguel Rodríguez llegó a vivir con cuatro mujeres al mismo tiempo, pero ninguna de ellas se atrevió a echarlo. Todo por el factor económico.

* * * * *

El quinto Rodríguez Orejuela es Jorge.

A este lo conocieron en el mundo de la delincuencia como 'Cañengo' y 'Chéchere'. Nunca gozó del aprecio y respeto de sus hermanos. Estuvo detenido por narcotráfico. Cuando lo capturaron estaba en una casa de lenocinio consultando a unos santeros. Hace muchos años cayo en bancarrota total. Nadie se atrevía a cobrarle porque estaban sus dos hermanos de por medio, pero ya extraditados todos lo buscan. Nadie quiere saber nada de él.

* * * * *

La menor de los seis hermanos es Amparo Rodríguez Orejuela. Contrajo matrimonio con Alfonso Gil Osorio. Se conocieron en la Universidad Santiago de Cali cuando estudiaron allí. Gilberto sentía un gran aprecio por su cuñado a quien le decía afectuosamente 'Samacá', por el parecido que tenía con un veterano ciclista que tenía ese apellido.

La boda fue una fastuosa ceremonia que se celebró en el Hotel Intercontinental, amenizada por El Gran Combo de Puerto Rico. A esta fiesta asistieron reconocidas personalidades de la vida pública de Colombia.

Alfonso Gil fue escalando en las empresas de Don Gilberto. Llegó a ser el contador de la empresa Migil, fundada por los hermanos Miguel y Gilberto, para manejar la contabilidad de Drogas La Rebaja.

Gil fue condenado dentro del Proceso 8.000 por enriquecimiento ilícito y testaferrato, en el 2005 salió en libertad. Se encuentra separado de Amparo Rodríguez, con quien tuvo tres hijos: Juan Felipe, Ana María y Ángela Gil Rodríguez. A Juan Felipe Gil Rodríguez le gustó el dinero desde muy temprana edad. Llegó a convertirse en un serio lavador de dinero de algunos capos del narcotráfico en el Valle. También era un avezado 'bajador' de dólares, lo hacía para los dueños de la casa de cambio Astrocambio.

En el año 2000 Juan Felipe es acusado de un homicidio ocurrido en 1998, él trató de arreglar con la familia del muerto por dinero pero los deudos no aceptaron. Entonces decidió amenazarlos, pero con tan mala suerte que todas sus amenazas fueron grabadas y entregadas a la Fiscalía que lo acusó por el asesinato, un juez lo condenó a 12 años de prisión.

Lo trasladaron a la prisión de Palmira, Valle, allá haciendo alarde de su poder económico, se ganó un gran número de enemigos. También cazó una pelea con el Subdirector quien no cedió ante los caprichos del nuevo interno. A los pocos meses el subdirector del penal es asesinado en una calle de Palmira, su ciudad natal.

Todos se imaginan quien pudo ser pero nadie se atreve a señalar a ninguna persona en particular. Juan Felipe Gil cae asesinado en la Avenida Pasoancho con 66, en Cali, a manos de varios sicarios cuando se encontraba disfrutando de un permiso de 72 horas, otorgado por el Inpec.

* * * * *

A Gilberto Rodríguez Orejuela las dificultades económicas que le tocó afrontar desde niño le endurecieron su forma de ver la vida. Desde pequeño asumió el control de su casa, ya que su padre, Carlos Rodríguez Prieto, era demasiado irresponsable. Situación que lo llevó a tener una muy mala relación con aquel. El Jefe del Cartel de Cali jamás pudo borrar de su mente una constante escena de su vida que vivió con su padre. Cuando éste llegaba borracho a la casa lo mandaba a llamar. Se metía la mano al bolsillo y le entregaba el costo de una caja de cerveza, luego tiraba un escupitajo al suelo y le decía: "Si cuando llegue con la cerveza se ha secado esto, le doy con la correa".

Muchas veces al llegar ya se había secado. El maltrato no se hacía esperar. Tal fue el desprecio que le llegó a tener Gilberto, que a la edad de 15 años echó a su padre de la casa. Desde esa época nunca más le dirigió la palabra ni siquiera cuando estuvo en la clínica, víctima de tres infartos. Tampoco fue a su sepelio. El único que medio ayudaba al viejo era su otro hijo Miguel, quien le daba dinero y le regaló un rancho en donde vivió hasta su muerte en 1971.

"Era increíble ver como mi papá vivía en la opulencia y mi abuelo en la miseria".

Gilberto Rodríguez comenzó a trabajar desde los doce años en la Droguería La Perla, ubicada en la Calle 10 Cra. 10 en Cali. Después de 12 años allí pasó a ser visitador médico, que para ese entonces se llamaban agentes viajeros, de laboratorios Vap de Colombia. En el año de 1970 comenzó a trabajar de manera independiente.

La relación de Fernando con su padre Gilberto fue tormentosa y llena de agresividad. Más que un vínculo de padre-hijo, era como una confrontación entre enemigos. Era difícil establecer cuál de los dos se hacía más daño.

Fernando nació un 4 de marzo de 1959 en la antigua Clínica de Los Remedios, de Cali, en la Cra. 7ª entre calles 13 y 14, hoy Centro Comercial El Tesoro. Luego le siguieron: Jaime, que nació el 30 de marzo de 1960; Humberto, el 21 de junio de 1964 y Alexandra, la menor de este matrimonio, quien llegó el 30 de mayo de 1969. Pero entre Fernando y Jaime nació Jorge Alberto, este fue concebido por Gilberto con otra mujer. Para mejor claridad, como dicen los caleños: "En plata blanca", el patrón tuvo tres hijos en un año. Para aquel entonces residían en el barrio El Embarcadero, a un lado de la carrilera, en la calle 23 cerca de la Autopista. Allí también vivían su tío Jorge y sus tías Amparo y Marina; y su abuela paterna, Rita.

Cerca de esta casa vivía Jaime Álvarez, un viejo amigo a quien nunca llamó por su nombre de pila sino como 'El Mompa'. Este tenía un camión pequeño, el cual usaban para transportar mercancía de contrabando y robada. Por épocas laboraban en un próspero trabajo que llaman desde hace muchísimos años piratería terrestre.

Fernando empezó a estudiar en la casa de un vecino en donde le enseñaron, escritura, lectura y agilidad mental.

Recuerda vagamente a su papá en un diciembre, cuando el 31, borracho, se puso a quemar pólvora. Una vez una 'sirenita' rompió la ventana de un vecino y se formó un problema.

Por más que lo intenta no encuentra recuerdos de esa época al lado de su padre jugando fútbol, enseñándolo a montar bicicleta, paseando por un parque, haciendo las tareas juntos, pescando en un río o lago, y menos acariciándolo o diciéndole que lo amaba.

A los cuatro años entró a estudiar en el colegio Los Ángeles del Norte, ubicado en el barrio La Campiña, el mismo en donde se graduó su madre. En 1964 se gradúa en primero de primaria y se va a un nuevo colegio, al Fray Damián González, hoy funciona allí la Policía Metropolitana de Cali.

En la casa del barrio El Embarcadero Fernando comenzó a realizar sus primeros negocios. Compraba todos los días el periódico *El País* y se lo alquilaba a sus tíos y demás familiares. Era una época de mucha pobreza, pero sobrevivían. La situación se puso luego mejor y se mudaron al barrio Guayaquil. Pasado un tiempo en esta nueva vivienda los 'negocios' empezaron a prosperar.

Es en esta residencia donde Fernando tiene más problemas y enfrentamientos con su papá. Es aquí donde ve por primera vez la agresividad de su padre. Un día salió de pelea con el suegro de su hermano Miguel. Aquel sacó un machete, entonces Gilberto desenfundó un revólver para matarlo. Pero debido a la intervención de los presentes no lo hizo.

Pero lo normal era ver a su padre de mal genio con su madre y maltratarla de palabra, cuando la abordaba para hacerle algún reclamo. Era frecuente verlo levantarse de la mesa donde estaba comiendo, coger los platos con la comida y tirarlos al suelo. Luego cogía el vaso de leche que le habían puesto y también lo arrojaba al piso. Se ausentaba lanzando insultos y no regresaba sino varios días después.

A su regreso pretendía que todo estuviera como si nada hubiese ocurrido. Cualquier pequeña falta por parte de su hijo Fernando era castigada con excesiva rigurosidad. A la mamá le era prohibido ocultar cualquier mal comportamiento del hijo.

Por ello lo normal eran los gritos y el maltrato para con su hijo mayor, pero este trato no fue el mismo que recibieron sus hermanos. Estos fueron siempre sumisos frente al papá, le profesaban más miedo que respeto, era algo así como un dictador. Gilberto Rodríguez jamás admitió lo contradijeran o desobedecieran.

Era muy dado a que se cumpliera al pie de la letra todas las reglas que imponía. Escogía a los amigos de los hijos, los horarios de estudio, la manera de vestir, la comida que debían consumir, las horas para ver televisión, los deportes que podían practicar, las carreras que debían estudiar, las jóvenes que podían cortejar y hasta el número de veces que podían abrir la nevera. No parecía que se viviera en una casa sino en un cuartel, que tenía como comandante al sargento más despiadado.

Con una disciplina tan férrea nada de extraño tenía que uno de los Rodríguez Mondragón se rebelara y desafiara la férrea autoridad.

Jaime, Humberto y Alexandra estaban entre los dóciles y obedientes, pero Fernando sentía una malsana satisfacción por desafiar la autoridad de su padre. Por tal razón era a quien con más violencia castigaba, pero en vez de corregirse más rebelde se ponía... más se parecía a Don Gilberto cuando tenía esa edad.

Además, que el hijo mayor desde muy pequeño se fijo muy bien en los 'oficios' en que se desempeñaba su padre. Notó que tenía unos negocios a los que podía ir a conocer al centro de Cali, pero tenía otros que ocultaba con mucho celo y cuidado en la casa.

Gilberto desaparecía por varios días y cuando regresaba llenaba los cuartos de la casa con rollos de tela, cajas de whisky y otro tipo de mercancías. A veces le iba tan bien que Fernando debía dormir en la sala porque su habitación estaba ocupada con todo lo robado.

Un día Fernando llegó del colegio más temprano que de costumbre. Un fuerte olor a pintura fresca lo atrapó al entrar a su casa. A simple vista no vio a ningún pintor. Hasta que escuchó unos ruidos en el garaje, se dirigió hasta allá y se acercó disimuladamente. Observó desde un lado de la puerta a varias personas desconocidas pintando una ambulancia. Sin que notaran su presencia se alejó de allí. Por la noche, mientras jugaba en su cuarto, oyó la voz de su padre pidiendo que nadie bajara a saludarlo porque debía salir de inmediato. Fernando corrió a apagar la luz de la alcoba. Su otro hermanito, Jaime, ya se había dormido. Con disimulo se asomó a la ventana y esperó ver salir a su papá. Cuando estaba cansado de esperar escuchó el ruido de un carro y vio como salió rápidamente del garaje de su residencia una ambulancia. La misma que habían estado pintando en el día.

Por la mañana cuando se iba para el colegio encontró a su mamá en la puerta acordando con unos obreros el precio por pintar, con el color original, el garaje de la casa.

Por orden expresa de Gilberto Rodríguez, Fernando y Jaime tenían prohibido jugar fútbol en el garaje de la casa. Les decía "para eso está la calle". Pero intempestivamente esta orden, increíble para el hijo mayor, fue modificada y les ordenaron jugar dentro del mismo.

La orden no se hizo esperar y toda una tarde se dedicaron a jugar dentro del garaje. Les parecía imposible que estuvieran ensuciando las paredes con el balón.

Fernando se acostó ese día muy cansado, pero antes de quedarse dormido pensó en el por qué los habían enviado a jugar en el garaje cuando siempre había estado prohibido. Peor aún, un día después de haberlo pintado.

De un momento a otro recordó la ambulancia que habían pintado, concluyó que las paredes se ensuciaron y que debían pintarlo nuevamente. Pero regresaba el interrogante del por qué ensuciar las paredes con el balón. Concluyó que su papá estaba haciendo algo malo con esa ambulancia, por lo que necesitaba que el garaje pareciera sucio, para que nadie dijera que allí se pintó carro alguno. A los segundos se quedó dormido… sabía que no se había equivocado en sus deducciones.

Días después escuchó que hubo un secuestro de unos suizos en una ambulancia. Se trataba de los ciudadanos extranjeros Hermann Buff, secretario de la embajada; y Jose Stresale, hijo del Cónsul de Suiza en Cali.

A las pocas semanas del secuestro su papá celebra la compra de una nueva droguería, ubicada en la calle 13 con carrera 14 esquina, en Cali, se llamó Droguería Monserrate. Allí comienza a trabajar su tío Miguel.

Es con esta droguería que Fernando comprendió de lo que era capaz de hacer su papá para ganar dinero. Un día sacaron en el camión del 'Mompa' toda la droga costosa del negocio. A la mañana siguiente aparece incendiada la droguería. Luego de las investigaciones la compañía de seguros desembolsa el pago por el siniestro. Con ese dinero montan nuevamente Droguería Monserrate y compran otra.

Adquirieron de Bernardo Criales, alias 'Pitosín', la Droguería Comercial, en calle 12 cón carrera 15, debajo de Residencias Mireya, en Cali. En 1973 montó otra droguería en la misma ciudad, en la Calle 14 con Cra 9ª que la llamó Drogas La Rebaja.

Para esta época Fernando nota que unos cuantos amigos le dicen a su papá 'Chemas', muchísimos años después descubre el por qué del apodo. Su padre era el jefe de una banda llamada 'Los Chemas'.

Las 'negocios' de un momento a otro empezaron a prosperar porque se mudaron al barrio San Fernando, al costado oriental del estadio de fútbol Pascual Guerrero. El único que no se muda con ellos es el tío Miguel. La tía Rafaela se muda con su esposo, Jaime Idárraga, a dos casas de la de Gilberto.

Todos los días Gilberto llegaba a su casa con una gran cantidad de frascos vacíos para ser lavados con detergente y luego les pegaran determinada etiqueta, les pagaba muy bien a sus hijos Fernando, Jaime y a la tía Marina, cuñada de Gilberto, por este trabajo. Luego los usaba para envasar un jarabe, del cual habría adquirido la fórmula, y que estaba indicado para la anemia llamado Ferrobemil. Cuando los Rodríguez Orejuela se hicieron con los

Laboratorios Kressfor este fue el medicamento líder en ventas por muchos años.

Esta nueva casa tenía un gran patio y en medio había un palo de mango. Al poco tiempo de estar viviendo Fernando estaba jugando en el patio con un balón, su mamá Mariela se le acerca con una pala en la mano y lo manda a desenterrar "unas vainas" que están a un lado del árbol. Luego de cavar por un rato encuentra una bolsa plástica. La saca del hueco que había hecho y empieza abrirla, su mamá se acerca rápidamente y se la arranca de las manos. Pero antes alcanzó a ver su contenido, eran unas placas de carro y varios fajos de billetes.

Fernando pensó que todos esos oscuros trabajos de su papá eran los que producían toda esa cantidad de dinero, que no hacía más que empoderarlo, aún más, de lo que era. Entre los 8 y 10 años de edad el hijo mayor de Gilberto Rodríguez empezó a descubrir el poder que da tener grandes cantidades de dinero en el bolsillo. Al igual que su papá, que todo lo controla con el poder del dinero, él hizo lo mismo con sus compañeros en el colegio. Tenía poder y respeto… y eso le encantó. Con el pasar del tiempo también observó que no sólo podía someter a los amigos del colegio sino a cualquier persona de la calle. Era el que más compraba en la cafetería del colegio, el que primero llenaba las cartillas de los jugadores de fútbol con los caramelos, el que más dinero tenía en el bolsillo; en fin, era el 'chacho' del colegio. Además, que le gustó esa vena de bandido que se estaba descubriendo.

Pero entre más poder adquiría más dinero necesitó, por lo que decidió empezar con su negocio. Para inicio de los años 70 estaba de moda los yoyó de Coca-Cola, a las droguerías de su papá llegaban por cantidades, se los cogía para venderlos en el colegio. Después empezó a llevarse algunas medicinas que revendía en otra cercana droguería.

Para no despertar sospechas abrió otro frente de trabajo. En su casa su mamá había abierto como una especie de miscelánea. Allí les vendía a las amigas y vecinas ropa.

Entre la mercancía que llegaba venían rollos de tela de pana, camisas, ropa interior de mujer, cajas de whisky y bielas de bicicleta. Empezó a coger de todo un poco y salir a ponerlo en venta. Le iba muy bien.

Tenía bien metido en su cabeza que dinero era igual a poder.

Un día uno de sus hermanos, Jaime, estaba llorando porque su papá no le compró unos binoculares, él se ofreció a regalárselos y así lo hizo.

Un día cualquiera Fernando está entregando una mercancía a uno de sus compradores. Todo iba perfecto si no es por otro niño que lo está observando desde cierta distancia con unos binoculares.

El observador comentó su hallazgo con Fernando quien de inmediato le ofreció un balón de fútbol nuevo si guardaba silencio, pero no hubo arreglo. Su hermano menor informó a su mamá del descubrimiento y vino la debacle para el nuevo y próspero vendedor de lo ajeno.

Esa noche su padre llegó en tragos y luego del pormenorizado informe cogió una correa y se lo llevó para el garaje. De nada sirvieron las súplicas de perdón de su hijo. Allí en el mismo sitio donde guardaba la mercancía que se robaba con la piratería terrestre y donde pintaron la camioneta que usaron para un secuestro reprendió a su hijo mayor por haber aprendido el oficio que siempre había visto que hacía su padre desde que empezó a comprender el mundo, para ese momento tenía ya 12 años.

La golpiza fue tremenda. Nadie se atrevió a meterse, ni siquiera cuando Gilberto sacó un revólver y lo puso en la cabeza de su hijo y lo maldecía por haberlo engendrado. Esa noche le dijo que dormiría en el garaje, lo mandó a quitarse la ropa y le puso un vestido de mujer a rayas rojas y rosadas, para que no se fuera a ir para la calle o se volara de la casa. Al día siguiente mandó a llamar a un peluquero y le peló la cabeza, la humillación fue cuando el lunes se montó en el bus del colegio, ya que la moda en ese tiempo era tener el pelo largo.

El garaje tenía unas hendijas por las que podía hablar con sus amigos, que se solidarizaron con él.

Cuando ya pudo salir un tipo lo tildó de marica porque lo vistieron de mujer. Como sabía que lo podían molestar por ese castigo al que se vio sometido adquirió una navaja, con la cual le produjo una herida en el hombro al ofensor. Los padres del afectado se presentaron a su casa, pero su papá arregló todo y el incidente quedó allí.

Pero su rebeldía y resentimiento se acrecentaron contra su padre por haberle infligido semejante castigo. Dejó de estudiar y perdió el Segundo Bachillerato adrede.

Ya Gilberto Rodríguez empezaba a tener poder y compró en el colegio Camacho Perea un certificado de Segundo Bachillerato, para que no tuviese que repetirlo. Entonces Fernando pasó al colegio Villegas a cursar Tercero.

Aquí ya Fernando escaló a delitos mayores con tal de cobrarle a su padre las humillaciones. Cogió de la caja fuerte de su padre 500 dólares y se fue a un cabaret, conocido como casa de citas Noreña, en la calle 8ª con carrera 25. Este sitio era el preferido de su papá, por lo cual escoge a una bella trigueña conocida como miss Haití, la moza preferida de Don Gilberto Rodríguez.

Como dicen en la calle: La pelea era peleando.

Por supuesto que el dueño del local le contó a Gilberto que su hijo estuvo visitando el negocio y que pagó con dólares. No se sabe si le dijo lo de miss Haití. Lo cierto es que Fernando regresó al cabaret y a los pocos minutos hubo una redada de la Policía. Le ofreció 50 dólares a un agente quien no aceptó y se lo llevó detenido a los calabozos. Después de varias horas lo enviaron a su casa donde lo estaba esperando su padre con una correa en la mano. Ese día fueron alrededor de 50 correazos y luego un baño de agua fría. Su tía Rafaela intentó defenderlo, pero se llevó como cinco latigazos. Sólo paró cuando se metió la abuela Rita, la mamá de Gilberto. En la reprimenda se enteró que su mismo papá organizó la redada para escarmentarlo.

Pero ya nada lo escarmentaba, porque lo que existía era una relación de venganza entre padre e hijo.

Esa noche Fernando se voló de la casa, se fue para donde su tía Rafaela al recordar la solidaridad que ella tuvo para con él cuando le estaban pegando.

Su tía lo recibió con mucho cariño, le habló y lo aconsejó. Después de hablarle se quedó callada por un largo rato, meditando. De un momento a otro se paró y le informó a su sobrino que iba a llamar a su hermano a decirle que su hijo estaba con ella. Cuando le informó a Gilberto de la presencia de Fernando en su casa, le rogó que no le fuera a pegar otra vez.

Su padre salió a buscarlo, pero esta vez no le pegó.

* * * * *

Para esa época su tío Miguel estaba ya casado con Gladys Abadía. Era una linda joven de Yotoco, Valle, trabajadora incansable y madre del primer hijo de Miguel, William Rodríguez Abadía.

La relación de Gladys con Miguel era tormentosa, debido a que este último vivía parrandeando mucho. La convivencia sólo demoró tres años. Las peleas eran memorables así como las reconciliaciones. Una vez Miguel no quería dejar de beber y ella bajó vistiendo una bata transparente, sin nada debajo. Fue la única forma para que despidiera a todos sus acompañantes.

El primer incidente con la justicia de Miguel se dio en la Semana Santa de 1970, en Yotoco. Miguel estaba enseñando a su cuñada a manejar, en un Chevrolet 56. La aprendiz pierde el control y atropellan a un señor que se encontraba tomando cerveza en una tienda, la víctima muere momentos después del accidente. Miguel se responsabilizó del accidente, pero se vino un problema. Corría el año de 1970. Y él único que lo podía sacar del lío era su hermano mayor.

Gilberto se encontraba de vacaciones en las playas de 'Ladrilleros', ubicado a dos horas en lancha del puerto de Buenaventura, en compañía de su esposa Mariela y sus hijos Jaime y Humberto; también estaba con él su entrañable amigo 'El Mompa' y la esposa de este último, 'La Negra' Rosa. Fernando no había ido con ellos porque lo habían dejado en Cali, en compañía de su abuela Rita y su recién nacida hermana Alexandra, como castigo por haber perdido una evaluación de Geografía en el colegio, estaba en quinto de primaria.

El castigo para Fernando era quedarse en el garaje de la casa todos esos días de Semana Santa estudiando geografía. Lo que no sabía era que su padre se había regresado de improvisto y de noche, sin importarle perderse en la lancha en lo que se conoce como 'El Paso del Tigre', de regreso a Buenaventura, para coger un carro hasta Cali. Se vino sólo y al llegar a la casa sorprendió al castigado en el cuarto de su hermana. Ya le iban a pegar cuando la abuela Rita se metió y le dijo a su hijo que ella le había dado permiso porque la niña estaba como enferma, por lo que necesitaba que la acompañara.

Su padre le pidió el libro de Geografía y le dictó 10 preguntas, no sin antes advertirle que por cada respuesta mala eran 10 correazos. Lo que equivaldría a 100 si no acertaba ninguna. El tiempo para responder el cuestionario era el mismo que él demorara en bañarse y vestirse. No estuvo de más advertirle que estaba de afán.

Fernando, quien ya sabía que a su papá había que salirle adelante, se había dado a la tarea de transcribir en un cuaderno todos los capítulos que debía estudiar. Por eso cuando su padre se subió con el libro a bañarse, sacó el cuaderno y respondió las 10 preguntas.

Su papá, luego de revisar las respuestas, se quedó pensativo y con la correa en la mano. Estaba convencido que Fernando la iba embarrar más adelante y en esa oportunidad sería el desquite. Ahora debía salir urgente para Yotoco a sacar a su hermano del problema.

Así era esa relación padre-hijo: Quién jodía a quien.

Gilberto llegó a Yotoco y sacó de dificultades a su hermano y cuñada.

La relación de Miguel con Gladys se vuelve incontrolable, por lo que ella decide irse del país con su hijo William, sin el consentimiento de su marido. Se van a vivir a la ciudad de Chicago en los Estados Unidos.

Miguel Rodríguez ante esta pérdida se resguardó en la bebida. Aquí nuevamente apareció su hermano Gilberto para socorrerlo y ayudarlo a superar la pena. Con el pasar de los meses Miguel logró restablecer, vía telefónica, el diálogo con su ex mujer e hijo. Pero ya Gladys estaba viviendo èn Chicago con otro hombre. La relación padrasto-hijastro no fue la mejor. William ya con 8 años de edad, le cuenta a su padre, Miguel, lo mal que lo está pasando. También le relata que tuvieron que operarlo. Pero es su mamá la que le narra a su ex en que consistió la intervención quirúrgica a la que sometieron al niño. Todo se debió a un problema renal, por lo que quedó con un solo riñón.

A pesar de los años este detalle jamás pasó inadvertido para las autoridades de antinarcóticos de los Estados Unidos, cuando William decidió seguir los pasos de su tío y de su padre.

La situación económica de Miguel y Gilberto había mejorado muchísimo, lo cual le permitió al primero enviar un familiar a Chicago en busca de su hijo. Gladys accede a mandarlo sin poner inconvenientes. A su regreso a Colombia William es puesto, por orden de su padre, bajo la tutela de su tía Mariela, quien es la que lo crío desde entonces. Hasta hoy William le dice a su tía, mamá.

Este vínculo permite fortalecer la confianza entre Mariela y Miguel, a tal punto que este convierte a su cuñada en su confidente.

La relación de William con sus primos no se diferenció en nada de la que existe entre hermanos, a pesar de que el nuevo miembro, al igual que su papá, era de pocas palabras, cara de limón y malgeniado. "Pero mi primo William y mi tío Miguel eran de gran corazón", recuerda Fernando.

Pero fue con su hermano Humberto con quien mejor se relacionó William, eran inseparables.

Por su parte Fernando comenzó a tener en su tío Miguel el apoyo que su padre le había quitado, fue este quien verdaderamente empezó a ayudarlo tanto afectiva como económicamente.

* * * * *

Fernando iba perdiendo el tercero de bachillerato, su padre, quien para esa época se la pasaba en Bogotá, llegó hasta Cali y lo sacó del colegio. Le dijo que alistara todas sus cosas que iba a estudiar en Bogotá.

De nada sirvieron las súplicas del hijo en el sentido de que allá no tenía amigos y que se iba a sentir solo. Hasta prometió recuperarse académicamente, pero nada hizo cambiar de opinión a su padre.

En Bogotá lo metieron en un internado, El Salesiano de Mosquera, a repetir tercero de bachillerato. Aquí no se manejaba dinero por lo que no había forma de conseguir poder, las salidas eran sólo los fines de semana. Estaba totalmente aislado, pensó que así debían ser las cárceles.

Cuando salía de permiso los fines de semana no se bajaba en la casa de su papá en Bogotá, sino en la residencia de la familia conformada por Blanca y Néstor Zabaleta, este último gran amigo y socio de Gilberto Rodríguez Orejuela. También era el gerente de Laboratorios Kressfor, en la Capital.

Fernando llegaba los sábados por la mañana a Bogotá y se regresaba los lunes bien temprano. Tenía que ir hasta la Carrera Décima con Calle 13 a coger la flota que cubría la ruta a Mosquera, en ese sector lo atracaron tres veces para quitarle el reloj.

Mientras Fernando vivió en la casa de Néstor Zabaleta comenzó a conocer primero de la cantidad de negocios legales que manejaba su papá, y segundo el poder que poseía en muchas esferas de la sociedad, el comercio y la política, sin mencionar los muchos amigos que tenía en la Policía, Armada, Ejército y Fuerza Aérea.

Por ejemplo, allí se enteró de cómo su padre se convirtió de un momento a otro en un poderoso empresario de droguerías en Bogotá. Se asoció con Fernando Gutiérrez Cancino, dueño en ese momento de Droguerías Unidas, ubicadas en su mayoría en San Victorino y al sur de la Capital. Gilberto Rodríguez terminó comprándole la mitad de la cadena de droguerías, 18 de un total de 36.

El nuevo empresario de las drogas, legales, se movilizaba por las avenidas bogotanas en un flamante automóvil importado Nissan Crown.

A Fernando le tocaba ir todos los meses a la oficina de su papá, ubicada en el último piso de un edificio de la Avenida 19 con 6ª, frente al Hotel Bacatá, a buscar la mesada, que ascendía a 2 mil pesos.

Eran unas elegantes instalaciones que contaban con una amplia terraza. Allí el hijo del capo podía sentir la importancia y poder que tenía su padre. Una vez fue a buscar su mesada y vio en la sala de espera a tres señores muy bien vestidos, uno tenía un corbatín negro.

Fue hasta donde la secretaria y en voz baja le dijo que él había visto al señor del corbatín en televisión, que quién era le preguntó. Ella le dijo "es un gran dirigente del Partido Liberal y que puede llegar a ser presidente de Colombia, se llama Julio César Turbay Ayala. Venga y se lo presento".

La secretaria desde su silla le dijo al dirigente liberal: "Doctor Turbay le presento al hijo mayor de Don Gilberto". Los presentes le sonrieron e hicieron una inclinación de cabeza. Fernando sólo levantó una mano. Luego cogió su mesada y se fue.

En la casa de Zabaleta también se enteró que su padre estaba como accionista del fútbol colombiano. Su gran amigo y socio Hermes Tamayo lo llevaba en unas acciones del Club Deportivo Los Millonarios. Un día Néstor le comentó que cuando terminara bachillerato debía estudiar Administración o Medicina, porque ya su papá le había comprado todas las droguerías a Fernando Gutiérrez Cancino. Con lo cual se empezó el montaje de una cadena de droguerías, a nivel nacional, que se llamaría Drogas La Rebaja. "¿Qué le parece? Le preguntó Néstor Zabaleta.

Fernando se encogió de hombros y no contestó.

"Estudie lo que le digo, su papá me dijo que un día muy cercano quería que sus hijos fueran los que llevaran el manejo de esta empresa, que iba a ser la cadena de drogas más poderosa de Colombia", le dijo Zabaleta y se alejó.

Qué diría hoy el socio y amigo de Gilberto Rodríguez Orejuela.

* * * * *

Un domingo Néstor Zabaleta lo lleva al estadio El Campín, allá se encuentra con su papá que estaba en compañía de una elegante mujer, se la presentó, le dijo que se llamaba Miriam. No hubo ni un grado de empatía entre los nuevos conocidos. Gilberto le preguntó cómo iba en el colegio, a lo que Fernando le respondió que muy bien. Su padre de manera sarcástica comentó, para que todos los demás oyeran, "sería el colmo que no fuera así si está repitiendo el año". Después de este aguijonazo se fue con sus amigos.

Fernando cambió muchísimo ese año, le fue tan bien que su padre le volvió a dirigir más seguido la palabra. Llegaron a tener una relación más tranquila y cercana. Un día Gilberto le dijo que si salía excelente en las notas lo sacaba del internado. Ese año también se enfermó, hasta estuvo a tiempo de morir. Un domingo fue al estadio a ver jugar su amado equipo, el Deportivo Cali, frente a Millonarios, el marcador favoreció a los locales 6 goles a 1, el delantero cartagenero Jaime Morón fue el verdugo, marcó tres goles. Antes de terminar el encuentro se sentía muy mal, lo atribuyó al estado de ánimo por la derrota de su equipo. Por la noche no quiso cenar y se acostó muy temprano. Al día siguiente no se levantó como de costumbre para irse a Mosquera. Eran las diez de la mañana y aún estaba profundamente dormido.

A esa misma hora Blanca de Zabaleta, la esposa de Néstor, se despertó y fue hasta el cuarto de él. Al verlo todavía dormido lo increpó y le ordenó irse de inmediato para el internado. Fernando le dijo que se sentía muy mal y que no se podía levantar. La señora se puso nerviosa y decidió llamar a Don Gilberto para comunicarle la novedad. El papá llegó como a las 11 de la mañana y lo llevó al Hospital Militar. En este centro, luego de practicarle varios exámenes, los médicos concluyeron que el joven tenía un problema en la cabeza. Gilberto Rodríguez escucha en silencio el diagnóstico, pide los resultados y se marcha con su hijo, ya que no creyó en el concepto de los especialistas.

De allí partió para la Clínica del Country, al norte de Bogotá. En el trayecto Gilberto coge a su hijo por un brazo y le grita: "Decime qué te metistes güevón".

Fernando se pone a llorar y simplemente le responde que nada. Antes de llegar a la clínica se desmayó.

El diagnóstico fue meningitis. Por 26 días estuvo inconsciente, su mamá, Mariela, se vino de Cali a cuidarlo. Luego de recobrar el conocimiento los médicos descubren que quedó con unas secuelas: agrafía y mareos. Mediante el método Palmer recuperó su manera de escribir; con el tiempo, y apoyado en unos medicamentos, los mareos desaparecieron. La cuenta de la clínica la pagó su padre en efectivo, fueron 3 millones de pesos.

A pesar de la incapacidad pasó con buenas notas el año, pero su padre le incumplió la promesa y lo dejó otro año internado. Esta burla se la iba a cobrar.

Inició cuarto de bachillerato en el internado, todo iba bien hasta el término del segundo bimestre. Una noche se voló del internado y se fue hasta el pueblo a comprar una botella de aguardiente. A su regreso convenció al cura que cuidaba el alojamiento a que se tomaran un trago. Antes de acabar con la botella ya estaban totalmente borrachos. El escándalo que hicieron fue de tal grado que despertó a todos los internos. Al día siguiente ya el rector estaba informado de todos los pormenores de la 'perra' que se pegó un sacerdote y un alumno.

La primera medida que tomó fue la de expulsar a Fernando Rodríguez del internado. Éste sabía lo que le iba a pasar apenas su padre se enterara de tal decisión, por lo que decidió poner en práctica un esquema de negociación propio de los bandidos, la extorsión.

"Bueno rector, usted que me echa y yo que divulgo en toda la comunidad salesiana que un sacerdote me emborrachó, además, que doy el nombre del religioso". El rector se asustó, por lo que decidió buscar una solución menos traumática para el estudiante. Decidió, más bien, transferirlo al colegio León XIII, ubicado arriba del Palacio Presidencial, y no expulsarlo.

De todas maneras su padre lo insultó como de costumbre por el traslado y le retiró todo apoyo. En el León XIII terminó cuarto, lo ganó gracias a los consejos y cooperación del profesor Jaime Calderón. Cuando entró a cursar quinto de bachillerato se fue a vivir con su tía Haydee, que administraba una droguería en el barrio San Victorino. Estando en esta casa aprende a conducir automóvil. También se consigue por primera vez un buen amigo, Néstor Zota, pero tenía al igual que él alma de bandido. Fue tal el compinche que cogieron, que la amistad se parecía más bien a la complicidad.

Todos los días se volaba del colegio para irse a jugar billar al Bolívar Bolo Club. El resultado de tal irresponsabilidad no se hizo esperar a fin de año. Perdió el quinto de bachillerato.

Su padre como castigo lo hace ingresar a la Escuela Militar de Cadetes, José María Córdoba, con la ayuda del capitán Millán, viejo amigo de Gilberto Rodríguez, quien llegó hasta el grado de general.

En la academia militar cursó quinto y sexto bachillerato, el comandante de su Compañía fue el capitán Mario Bahamón Dusán; el del III pelotón, al que pertenecía Fernando, era el Teniente Camacho, hijo del General (r) Luis Carlos Camacho Leyva.

El comandante del II pelotón era el teniente Carlos Alfonso Velásquez Este oficial se vio involucrado, muchos años después, en mayo de 1994, en un vergonzoso episodio cuando fue comandante del Bloque de Búsqueda en Cali.

Los miembros del Cartel de la ciudad en mención contrataron a una hermosa mujer, Dolly Buendía, para que lo sedujera. El escándalo estalló cuando un noticiero reveló un video realizado en el conocido motel 'Campo Amor' de la capital del Valle del Cauca, en donde aparecía el oficial en ropa interior en compañía de la bella mujer.

En la Escuela Militar de Cadetes, Fernando, empieza a sentir lo que es una férrea disciplina. La misma que lo llevó a terminar con buenas calificaciones el bachillerato, fue la promoción del año 1977.

Ese año sólo pudo hablar con su papá un día antes de la graduación y fue entre el trayecto de la oficina, que estaba ubicada en la Avenida 19 con Cra. 6ª, y su residencia, en el barrio El Campín, sitio donde vivía para ese entonces Gilberto Rodríguez con su nueva señora, Miriam Ramírez Libreros.

Días antes de la graduación como cadete sucedió un hecho que le acarreó 15 días de calabozo, pero como ya había pedido la baja no los pagó. Pensó que no había problema y se fue para Cali. Semanas después el papá envió a buscar el diploma de bachiller a la academia militar, pero no lo entregaron. El mensajero que había ido a realizar la diligencia estaba apenado de dar las razones por las cuales no le entregaron el título, pero una intimidante mirada de Don Gilberto le despejó la mente. Se debían los dos años de mensualidad ($600 costaba al mes), se fue sin pagar una sanción de 15 días de calabozo y por haberse robado varios camuflados. Los gritos del mafioso en contra de su hijo se escucharon en todo el Valle del Cauca.

En la Escuela Militar de Cadetes a los hijos de los altos oficiales no les cobraban la mensualidad. La manera de diferenciarlos, en esa época, era pasando una línea roja en sus registros. Esta marca indicaba que estaban exentos del cobro. Fernando se metió un día en la oficina donde reposaban estos documentos y pasó una raya roja en su registro. Por lo que cada mes los 600 pesos pasaban a su bolsillo.

Le tocó al mayor retirado, José Restrepo, convencer a unos oficiales amigos en la Escuela Militar para que le entregaran el diploma del hijo de Don Gilberto Rodríguez Orejuela, previo pago de los dos años de mensualidad que se dejaron de cancelar. Mientras tanto Fernando estaba en Cali disfrutando en discotecas, clubes y griles con sus amigos y amigas. Si bien tenía malas relaciones con su padre, estas no eran impedimento para disfrutar de los privilegios que le daba decir de quien era hijo. Ya el poder de los hermanos Rodríguez Orejuela se sentía en Cali, Colombia y Estados Unidos. Ese poder lo hacían sentir, aún más, Gilberto y Miguel, en sus hogares frente a esposas, hijos y demás cercanos familiares.

Era tal el poder y control de los padres sobre los hijos, que éstos sólo estudiaron lo que les ordenaron. Cuando tenían novias, papá o tío, ordenaban 'chuzarles' los teléfonos a las nueras y consuegros para saber qué hablaban.

Los hermanos y primos de Fernando hacían lo que les ordenaban padre y tío; pero él se rebelaba contra su papá para hacer todo lo contrario. Eso sí, nunca le llevó la contraria a su tío Miguel. Más bien siempre buscaba la manera de golpear a su padre en donde más le doliera. Mientras que su primo, William Rodríguez Abadía, hijo de Miguel, era correcto en todo, a pesar de que también hizo embarradas grandes.

Los hermanos y primos sólo mostraban su mejor imagen ante el papá y el tío para no contrariarlos. Por esta razón se hicieron desde un principio, y por muchos años, los de la vista gorda frente al negocio del narcotráfico de sus progenitores.

Pero a final de cuentas, aunque Gilberto y Miguel nunca permitieron que sus hijos intimaran con la parentela de otros narcos, a excepción de la familia de José Santacruz Londoño, algunos de sus miembros terminaron enredados con el narcotráfico.

Muy a pesar de que los hermanos Gilberto y Miguel siempre buscaron integrar a sus descendientes con las familias más respetadas de Cali, con la de la clase política, con la de los industriales y la de los ejecutivos de todo el Valle del Cauca; asimismo, con la del mundo de la farándula y la de los futbolistas del América de Cali.

* * * * *

A Fernando le dijeron en su hogar que su papá quería que estudiara Derecho. Para evitarse más problemas, luego de la tremenda embarrada en la Escuela Militar, decidió matricularse en esa carrera en la Universidad de San Buenaventura. Era enero de 1978.

Su fuerte eran las matemáticas, quería una carrera que tuviera esas asignaturas, pero ante su frágil situación familiar, debido a su comportamiento, empezó Derecho. Sólo aguantó dos semestres. Los ganó, pero no quería seguir estudiando esa profesión. Decidió entonces buscar a su protector, el tío Miguel. Le pidió que hablara con su papá para que le permitiera explicarle la situación. A inicios de diciembre de 1978 se dio el encuentro, Gilberto le preguntó que si qué era lo que quería. Fernando, quien soñaba con irse para los Estados Unidos, le pidió que lo enviara al exterior a estudiar inglés.

Días después su padre le mandó a decir que se alistara para ir a estudiar inglés, pero en Londres. El cambio de país no era negociable. Lo cierto de todo es que Fernando lo que buscaba era irse muy lejos, para escapar al yugo de padre. A la vez pensaba que su familia también quería verlo bien lejos, para evitarse tantos conflictos. Además, que no hay nada mejor como tener a la oveja negra de la casa bien apartada.

En febrero de 1979 Gilberto Rodríguez envió a su hijo mayor a Londres, él mismo lo llevó al aeropuerto El Dorado para despedirlo. En una sala de espera le cantó las reglas de juego. Le dijo que los cinco primeros días de cada mes le enviaría 500 dólares como mensualidad por el tiempo que demorara el curso, que iba para el Anglo Continental School, en Bournemouth, en las afueras de Londres. También le informó que en el colegio donde iba a estudiar no se debía un peso, que ya todo se había cancelado. Por último, se metió la mano al bolsillo y le entregó 500 dólares "para los gastos extras".

En Londres Fernando tiene problemas de adaptación y no sabe como manejar los gastos. A las dos semanas ya estaba casi sin un penique, por lo que llama a su padre a pedirle más dinero.

Gilberto Rodríguez no acepta las excusas, le dice que recuerde lo que le dijo en el aeropuerto de Bogotá, en referencia a la plata que le iba a enviar. Fernando repite lo que le había dicho su padre: "que me consignaba los primeros cinco días de cada mes". No lo dejó continuar y sentenció: "Nos hablamos el 5 del otro mes", y colgó. Fernando se quedó con el teléfono en la oreja y empezó a contar los días que hacían falta para el envío de la nueva mesada… quince.

La familia inglesa que lo recibió tenía la obligación de darle una habitación, desayuno y cena, ya que estaban pagos desde Colombia, el almuerzo le tocaba a él comprarlo en el colegio. Por quince días no conoció el almuerzo del centro educativo.

Su situación anímica y alimenticia mejoró al principio del mes siguiente. Ya había hecho muchos amigos y amigas en el colegio de inglés, entre las últimas estaba Monique, una azafata de los vuelos internacionales de la aerolínea Air France, 15 años mayor que él.

Monique estaba en el Anglo Continental School perfeccionando uno de los 5 idiomas que hablaba. Un día se conoció con Fernando y se enamoraron perdidamente. Como a la azafata, cada 15 días la aerolínea le regalaba un tiquete internacional, ella se lo cedía a Fernando para que coincidieran en el viaje. Así fue como tuvo la oportunidad de conocer no menos de 20 países, entre Europa y Asia, en compañía de su novia. En una ocasión Monique lo llevó a París para que conociera a sus padres, ya que pensaban casarse.

Fernando veía esta posible unión como una eficaz manera de desligarse de su padre. Por lo que se comprometió en matrimonio con Monique.

Le hizo saber a su papá que se iba a casar. La respuesta no demoró, Gilberto Rodríguez le juró que como se atreviera a casarse él mismo iría a buscarlo a Londres y lo separaba.

Fernando sopesó la amenaza y desistió del compromiso.

Al año de estar en Londres terminó el curso de inglés. Por haberle obedecido a Don Gilberto le permitieron que se fuera a estudiar a los Estados Unidos al año siguiente, 1980. Desde la capital del Reino Unido partió a Estados Unidos.

Coincidencialmente su padre, Gilberto Rodríguez Orejuela, está también viviendo allá, lo hace por épocas. Cuando se encontró con él notó que su papá tenía otro nombre, Fernando Gutiérrez Cancino. Era el pasaporte de un amigo y socio en el negocio de las drogas.

Gilberto le dice que lo va apoyar para que estudie, pero que debe portarse bien. Lo primero que hace es regalarle un apartamento en el sector más exclusivo de Miami, Fountebleau Boulevard. Lo manda a un sitio de la Calle Ocho de la misma ciudad, a donde un cubano con la orden de que le de un carro cero kilómetro, la plata para la matrícula y una mesada de cien dólares semanales. El vehículo que escoge es un Dodge Ovni último modelo.

Se matricula en la Universidad de Miami en Bussines Administration. Allí llegó a pertenecer a la selección de fútbol soccer, también estuvo entrenando como pateador del equipo de fútbol americano de la universidad, pero aquí no clasificó.

En esta nueva vida logra hacer muchos amigos por el poder del dinero y sus comodidades. Eran muchas las farras que se realizaban en su apartamento, para ese entonces no aceptaba que nadie que fuera fumara marihuana.

Un día fue hasta la empresa que tenía su papá en Estados Unidos, Ryo Export And Import, cerca del Miami Internacional Airport, en la llamada zona franca. Era una empresa de importaciones y exportaciones, entre los diferentes productos que llevaban de Colombia, estaban los postes de concreto y los tablones. El administrador era el colombiano Jaime Carvajal, quien estaba casado con Susana Múnera.

Es en Ryo Export And Import donde conoce al escolta-chofer de su papá, un sujeto a quien le dicen 'Pecho de Lata'. Quien es la persona que lo inicia en el consumo de cocaína. Gilberto Rodríguez sólo le permite a Fernando conocer las oficinas administrativas de la empresa, más no los inmensos hangares. Pero esto es lo que hace despertar aún más las sospechas del hijo con respecto a este negocio de su papá

Pero cierta noche Fernando tuvo la oportunidad de despejar todas sus dudas. 'Pecho de Lata', lo invitó a tomarse unos tragos después de llevar a 'Don Fernando Gutierrez' a su casa. Le había pedido al hijo del patrón que lo esperara en Ryo Export. Allí, creyendo que el hijo del Jefe del Cartel de Cali conocía todos los negocios oscuros de su progenitor, lo llevó hasta los hangares, ya que no se podían ir de farra hasta terminar de supervisar un trabajo. Fernando se sorprendió al ver esparcidos por todo el lugar pedazos de postes de concreto y a dos operarios con martillos neumáticos destrozando los que aún estaban enteros.

Es en ese momento que el hijo mayor del capo descubre que los postes venían repletos de cocaína y se convence de una vez por todas que el verdadero negocio de su padre es el narcotráfico.

Los postes eran transportados desde Colombia por buques. La carga salía del puerto de Buenaventura, pasaba por el Canal de Panamá y llegaba a Miami. Allí se legalizaba la importación y se transportaban hasta los hangares de Ryo Export. Aquí sabían cuales eran los que venían con la 'mercancía' para proceder a sacarle la droga. Luego de la extracción varios vehículos salían a distribuir la coca; otros camiones sacaban los escombros y postes que no traían droga para arrojarlos al fondo del mar.

Otro noche 'Pecho de Lata' le dio otra sorpresa, le llevó a una oficina, construida al final del hangar, en un segundo nivel, era como de 45 metros cuadrados y como de dos metros de alto. Desde afuera sólo se veían vidrios polarizados.

Fernando al entrar esperaba encontrar solo escritorios, pero no había tales, sólo anaqueles que iban desde el piso al techo. Inicialmente pensó que eran papeles, pero al mirar detalladamente eran fajos de billetes de 100 dólares. Los que no cabían estaban en unas tulas tiradas en el suelo. Jamás en su vida había visto tanto dinero junto.

'Pecho de Lata' le dijo, "ni se te ocurra cogerte uno sólo dólar porque los 'contadores' lo saben a los pocos minutos de ser entregados". Luego agregó: "Dicen que la plata no se guarda donde está la 'mercancía', por eso estamos construyendo otra bodega lejos de aquí para tener los dólares en otra parte".

Fernando comenzó a ir seguido a la bodega. Un día se encontró con su padre quien estaba esperando a un señor que no llegaba, motivo que impulsó a su papá a invitarlo a que lo acompañara al Hotel Holiday Inn, ubicado en Hialeah, un barrio de Miami, a llevar un carro. Su hijo aceptó de inmediato.

Salieron en un Caprice Classic Rumbo al sitio indicado. Fernando, quien ya se había subido en ese mismo vehículo, lo sintió distinto, como si estuviera muy pesado, no andaba tan rápido como otras veces, pero se quedó callado.

Luego de una hora de viaje llegaron a un gran estacionamiento del Holiday. El hijo notó que su padre estaba como aprensivo, nervioso. Dejaron las llaves en un casillero, pagaron el parking y se regresaron en un Ford Mustang rojo, que rentaron en Hertz

Esa noche Fernando, en medio de unos tragos, le contó a su nuevo amigo, 'Pecho de Lata', el viaje que hizo con su papá en la mañana, también le relató lo pesado que iba el carro. Su compañero de farra se echó a reír y le dijo que ese era una entrega urgente de 100 kilos que había que hacer. Le explicó que cuando la droga llegaba de Colombia se iba hasta una empresa de alquiler de vehículos, en especial la Hertz. Se le arrendaban varios autos, que inicialmente eran llevados a unos talleres de la empresa Ryo Export, para que les ensamblaran unas caletas, luego se despachaban con cientos de kilos de coca encima.

Algunos gerentes de esas agencias sabían y se les pagaba una alta suma en dólares, en especial al gerente de la Hertz en Miami, quien era uno de los mejores distribuidores de droga de Gilberto Rodríguez Orejuela.

Para que no hubiese descoordinación previamente se acordaba con el comprador el sitio de la entrega, que por lo general era en los parqueaderos públicos, de los supermercados o de los centros comerciales. Allí se dejaba el auto que era recogido por otra persona, con este cambio de manos se daba por vendida la droga.

No había que ponerse a pesar o probar la calidad del producto, ya que a este nivel nadie tumba a nadie, la palabra se rubrica con la vida. Un engaño es lo mismo que una sentencia de muerte. Varios vendedores de Don Gilberto y Don Miguel cayeron a manos de sicarios llevados de Colombia por tratar de tumbar a los distribuidores. Otros fueron asesinados como parte de un ajuste de cuentas o con el fin de escarmentar a futuros tumbadores.

En fin, ese día Gilberto Rodríguez Orejuela, el mismo que le cobró con rudeza las faltas a su hijo mayor, lo llevó a realizar una entrega de 100 kilos de cocaína. Este acto llevó a Fernando a suponer que tenía 'carta blanca' para entrar al negocio... inicialmente lo hizo como consumidor.

En 1980 todo iba bien en los Estados Unidos: Estaba estudiando en la Universidad de Miami y se daba la gran vida. Tenía un tremendo apartamento en un lujoso sector de la ciudad, el automóvil del año y muchos dólares en el bolsillo.

Pero en el fondo lo que deseaba era quitarse para siempre el yugo de su padre. Y creyó que lo hacía cuando conoció a Katty, a principios de 1981, en el reconocido restaurante de comida de mar, Rusty Pelican, en Key Biscayne. Era una hermosa rubia de 21 años, de ascendencia irlandesa. Su padre era un reconocido corredor de bolsa de Nueva York. Luego de un corto noviazgo se casó con Katty. El abogado Frank Pillot fue el encargado de arreglar la boda.

* * * * *

Para la misma época, inicios de 1981, las cosas no le empezaron a salir bien a Gilberto Rodríguez Orejuela, quien en Estados Unidos andaba con un pasaporte, que tenía su foto, pero estaba a nombre de Fernando Gutiérrez Cancino, su socio en Colombia en el negocio de las droguerías. Ya un avezado agente, Billy Mockler, de una sección adscrita a la DEA, denominada CENTAC - 21, que se encargaba de infiltrar en el mundo a organizaciones criminales, comenzó a seguirle los pasos a toda la red que mandaba droga desde Cali a Norteamérica.

A mediados de los años 70 comenzaron a infiltrar una organización de un tal Santiago Ocampo y Víctor Crespo, a quienes consideraban los reyes de Nueva York, porque eran los mayores abastecedores de droga de toda La Gran Manzana. Tiempo después se supo que Crespo era el mismo José 'Chepe' Santacruz.

En 1975 tenían también referencias de otro socio de Santiago Ocampo, Gilberto Rodríguez Orejuela, quien para ese entonces se encargaba de traer la pasta de coca de Perú, procesarla en laboratorios del Valle del Cauca y enviarla a su asociado en Nueva York.

Ocampo al ver los 'cojones' de Rodríguez para enviar droga a los Estados Unidos decide asociarlo con Santacruz y los presenta. De aquí nace una multimillonaria sociedad que inundó con miles de toneladas de cocaína las calles de Norteamérica.

Los agentes que estaban sobre la pista de la red no sabían que el hombre que tenían en vigilancia en Ryo Export, Fernando Gutiérrez Cancino era el mismo Gilberto Rodríguez Orejuela, el máximo Jefe del Cartel de Cali, que les estaba metiendo la droga desde su misma sala.

El rastreo de varias llamadas a República Dominicana, que se originaban desde Ryo Export despertaron las sospechas de los investigadores. No era para menos, ya que esa era la ruta del envío de la droga: Colombia-Santo Domingo-Estados Unidos.

Jaime Carvajal, gerente de Ryo Export, es seducido por un agente a colaborar con la justicia americana a cambio de beneficios judiciales y protección. El administrador de la importadora accede. Relata cómo es que llega la cocaína, en postes de concreto, y cómo se distribuye.

Gilberto Rodríguez, que aplicaba en suelo americano el mismo método que usaba en Colombia para que no lo sorprendieran las autoridades: El soborno, comprobó que los dólares, en cantidades abundantes, compran al que sea, sin importar la nacionalidad.

Su informante lo llamó como a las 9 de la noche 29 de mayo de 1981 para comunicarle que todo se había caído y que iban por él. Su infiltrado no olvidó decirle quien fue el que delató toda su organización, Jaime Carvajal. Gilberto Rodríguez actuó como si no supiese nada, citó a Carvajal en otro aeropuerto con el pretexto de entregarle varias tulas llenas de dólares para que las guardara, así lo despistaron y nunca se volvió a saber de él.

A los pocos minutos salieron en dos vehículos a gran velocidad hacia Opa - Locka Airport, a una bodega de propiedad de Gilberto Rodríguez, en donde también tenía a su disposición un jet listo para cualquier emergencia. Iban a ser las dos de la madrugada cuando Gilberto Rodríguez llamó a Fernando y lo citó urgente al aeropuerto de Opa - Locka. El hijo del mafioso no se hizo repetir la orden, saltó de la cama y salió volando a cumplir la cita. Cuando llegó al aeropuerto lo condujeron a un hangar donde lo estaba esperando su papá. Allí le informó que se iba ya de Miami, le pidió que no fuera nunca más por Ryo Export; también le recomendó que se portara bien, por último le dio unos dólares y se despidió.

Mientras escuchaba a su papá Fernando no le quitaba la mirada a más de 15 tulas llenas de billetes de 100 dólares que estaban sellando. Esa madrugada el Jefe del Cartel de Cali se llevó a sus más cercanos colaboradores entre los que se encontraba 'Pecho de Lata' y Molina. Éste último era el encargado de las caletas, el mafioso sabía lo que significaba la captura de este importante colaborador. Por lo cual decidieron dejar siete tulas más, escondidas para después mandar por ellas, para darle cupo al 'caletero'.

Molina, después de haber manoseado tantos millones de dólares, es hoy en día un simple empleado más del Estadio Pascual Guerrero de Cali.

A las dos horas de irse Gilberto Rodríguez de Estados Unidos los miembros del CENTAC se tomaron el hangar desde donde había salido el Jefe del Cartel de Cali. Se sintieron frustrados. Pero un hallazgo hecho por uno de los agentes los alegró un poco: siete tulas llenas de dólares de billetes de 100, que daban un total de siete millones de dólares. A pesar de la vigilancia a la que la DEA sometió la empresa importadora Fernando en Estados Unido, éste no se vio implicado en nada, pero tenía temor de que lo relacionaran por lo que pensó en irse de Miami.

* * * * *

Con su esposa todo iba muy bien, pero con la familia Rodríguez Orejuela la relación empeoró, ya que se casó sin el visto bueno de su padre Gilberto, lo que le ocasionó que le retiraran todo el apoyo financiero que le venían dando, razón por la cual decide dejar la universidad y buscar la manera de mudarse para Nueva York, a la residencia de sus suegros.

El problema del trasteo era que no tenía los dólares para hacerlo, por lo que decide ir en busca de un socio de su padre en el negocio de las drogas, ya que su amigo 'Pecho de Lata' estaba huyendo. Él sabía a dónde era que llegaban todos los duros de la mafia y ricos colombianos: El Fountebleau Hilton, en Miami Beach.

Allí se encuentra con el empresario y dueño del Club Deportivo Los Millonarios, Hermes Tamayo; quien era socio de Don Gilberto Rodríguez Orejuela en el negocio de la coca.

Don Hermes, quien conoce desde hace tiempo a Fernando lo recibe calurosamente. Luego de escucharlo le obsequia 10.000 dólares para el trasteo a Nueva York.

En esta nueva ciudad las cosas se le complican, ya que no cuenta con el apoyo de su padre ni de su tío Miguel. Y menos, de la de sus suegros, por lo que le toca salir a buscar trabajo. Lo encuentra como bodeguero en la empresa Caldor's. Le tocaba bajar la carga que llegaba en los traileres a la bodega del almacén. En términos colombianos era un 'cotero' o 'bultero', que le pagaban a 4 dólares la hora por bajar mercancía de un camión. Lo que llegaba a la bodega eran los pedidos de los diferentes almacenes que despachaban en Caldor's.

Un día una caja llegó abierta, Fernando mira su contenido y eran 100 relojes para hombre de una marca comercial. Miró hacia todas partes y escondió la caja. Lo curioso es que mientras trabajó allí nunca preguntaron por los relojes.

El 23 de enero de 1982, en Miami, el día del superbowl del fútbol americano, nació su primer hijo, Drew. Acuerdan tener por el momento ese único bebé, pero inesperadamente Katty queda nuevamente embarazada. Resulta que la religión que practicaba la esposa le prohibía planificar con métodos anticonceptivos, por lo que lo hacía por el método del ritmo. Pero no resultó y nació su segundo hijo, Ryan, en Nueva York, el 23 abril de 1983.

Ryan nació con un severo problema cardíaco, por lo que los médicos no le daban muchos días de vida. Este desesperanzador diagnóstico los llevó a buscar otro hospital, el Presbitarian Hospital de New York, en donde estaba el mejor pediatra-cardiólogo del estado de Columbia. Lo intervienen y le colocan un *by pass*. Estuvo hospitalizado por 28 días, pero se recuperó. La operación costó 50.000 dólares y los pagó su tío Miguel, ya que su papá Gilberto no le hablaba por haberse salido de la universidad y por haberse casado.

Su mamá Mariela fue la que intercedió para que su tío pagara la intervención. Ella viajó hasta los Estados Unidos para acompañar a su hijo y nuera. Un día los llevó a un centro comercial y les compró a los nietos muchos regalos, que costaron más de cuatro mil dólares, por lo que los dependientes del almacén se mostraron sorprendidos.

A las semanas se fue su mamá. Fernando siguió trabajando en la bodega, pero los problemas con su esposa fueron en aumento. Los motivos: el trago, las drogas y el incumplimiento de las obligaciones económicas en el hogar.

Un sábado en la madrugada llegó a la casa, que era la de sus suegros, y encontró en el antejardín sus maletas. Tocó, pero nadie le abrió. Recogió su equipaje y se fue a donde un amigo de farra a dormir.

A la semana siguiente mandó a reparar su Dodge Ovni y lo vendió para tener dinero con que comer. Por su parte su esposa Katty lo demandó por alimentos y le pidió el divorcio.

Un juez lo condenó a pasarle una mesada de 100 dólares a cada hijo. Ante la desesperante situación recurrió a su tío para que le ayudara. Éste le autorizó una mesada mensual de 500 dólares. En diciembre de 1982 Fernando llegó a Cali a pasar las fiestas de fin de año. Su llegada a esta ciudad era presagio de problemas. El 30 de diciembre se fue desde por la tarde con varios amigos para el club La Ribera. La rumba fue hasta la madrugada del día siguiente.

Conducía un Toyota corto que le habían prestado en su casa. En una curva se salió de la vía y cayó encima de una casa. Milagrosamente no murió nadie en la residencia. Se necesitaron de tres grúas para sacar el carro.

Llegó a las cinco de la mañana a su casa, su mamá, quien estaba ya al tanto del accidente, lo estaba esperando. Le rogó que se acostara, ya que era 31 de diciembre y esa noche había una cena con toda la familia e invitados.

Fernando accedió a irse a dormir sin dar problemas. Se levantó en la tarde, pero aún estaba con la misma borrachera. Con el fin de ponerse a tono comenzó a tomarse unos whiskys. Sabía que esa noche su papá le iba a cobrar el accidente, por lo que debía estar 'en forma' para enfrentarlo.

Como a las once de la noche sucedió lo inevitable.

Fernando, pasado de tragos, llamó a su papá, quien se encontraba charlando con 'Chepe' Santacruz. Se hizo un silencio.

"Entonces qué papá, no me vas a regañar".

Gilberto Rodríguez brincó de la silla y salió a pegarle a su hijo. Se necesitaron de más de tres personas para contenerlo. Le gritó a su hijo todo tipo de insultos.

Mariela Mondragón le rogó a su hijo que por favor se fuera para su cuarto. Después de tanta súplica Fernando accedió a irse.

El 3 de enero tomó un avión de regreso a los Estados Unidos. En Cali la familia descansó con su partida.

Por su parte Fernando ya estaba convencido que la combinación trago, drogas y malas compañías acrecentaban sus problemas familiares, pero no hacía nada por detenerse.

* * * * *

Desde 1983 la DEA tenía en marcha una gran operación antidrogas que había empezado un año atrás, con el fin de capturar a los grandes capos en Estados Unidos:

Cuando Gilberto Rodríguez salió huyendo de Miami el 30 de mayo de 1981, decidió montar una nueva ruta para el envío de cocaína. El negocio iba tan bien que no se podía parar. Apenas llegó a Colombia se puso en contacto con su socio y mayor distribuidor en Estados Unidos, Jaime Múnera. Múnera vivía en Miami con su esposa, su hija Sussy, esposa de Jaime Carvajal, y su hijo también llamado Jaime, pero éste último estaba radicado en Houston.

Múnera para no despertar sospechas trabajaba como operario en una plataforma de la Shell, en Galveston.

El capo le dice que se ponga "listo" porque se van a trabajar desde otro lado. Le informa que a un distribuidor en Nueva York le va a llevar un millón de dólares para que compre una finca en Montgomery, Alabama, que sirva para construirle una pista de 3.600 pies. A los pocos días Múnera compra en Alabama el rancho 'Bar J. Ranch' por la suma de 800 mil dólares y le acondiciona una pista con la longitud solicitada por el mafioso.

El 'puente aéreo', Colombia-Santo Domingo-Alabama deja boquiabierto a todos los demás capos colombianos. Cientos de toneladas entraban semanalmente a los Estados Unidos por esa ruta, nunca se cayó un embarque. Sólo hasta que la DEA comenzó a infiltrar a sus agentes en la isla del Caribe conocieron la dimensión de la rentable ruta. Al año de descubrirla ya tenía ubicados a todos los responsables. El día del golpe, a inicios de 1984, fue capturado Jaime Múnera y toda su red de distribución, hasta su hijo, Jimmy, cayó con 200 kilos de cocaína. A toda esta red la vincularon con Gilberto Rodríguez Orejuela, el máximo Jefe del Cartel de Cali, detenido en España por portar un pasaporte falso.

Las autoridades en Estados Unidos decidieron investigar a todos los familiares de los Rodríguez Orejuela que estaban viviendo en su país. Con este golpe sobrevino una escasez de coca en Nueva York, mientras se montaba otra ruta, para enviar grandes embarques. Las 'mulas' se convirtieron por entonces en el vehículo de moda para enviar el alcaloide a Estados Unidos. Coincidencialmente para ese mismo tiempo llegó a Nueva York, el tío de Fernando, Jorge Eliécer Rodríguez Orejuela, conocido como 'Chéchere'. Todos los amigos de su familiar eran traquetos que operaban en las calles de la llamada 'Capital del Mundo'.

Para esa época, en el norte de Nueva York, había una escasez de droga por lo que decidieron buscar la manera de proveer este 'desesperado' mercado. Por lo que contactaron a un legendario torero de Palmira, que movilizaba 'mulas' desde Colombia.

La coca se la camuflaban las 'mulas' en el recto o la vagina. Las personas escogidas para el arriesgado encargo se introducían 12 bolas compactadas de coca, con un peso cada una de una onza, para un total de 12.

Una onza, 28 gramos, tenía un valor para los revendedores de Estados Unidos de 2.800 dólares, pero los que recibían la 'cortaban', esto es, la mezclaban con otro producto para que rindiera más. La mezcla era el multivitamínico más vendido por drogas La Rebaja en Colombia: Inocintol. La coca pasaba de tener 28 gramos a 56. Por un gramo los adictos pagaban 100 dólares, para un total de 5.600 dólares. Al descontar la inversión quedaba una utilidad de US$3.600,oo.

El negocio empezó a marchar tan bien que el torero de Palmira se vino para Nueva York y se instaló en Danbury, el mismo sitio en donde residía su amigo Fernando Rodríguez. Éste le presentó varios amigos con los que el nuevo residente hizo excelentes negocios. Pero le faltaba realizar tratos con la 'joya de la corona'.

El hijo del Jefe del Cartel de Cali se la pasaba de rumba en el bar Bump Stair, en Danbury Conecticut. Aquí se ennovió con Wendy Conrad, quien resultó ser una seria consumidora, y quien tenía muy buenas relaciones, lo que le permitía conseguir magníficos clientes para la compra del alcaloide, entre los que se encontraba Antonio Fargas, el negrito de la famosa y vieja serie de televisión *Starky and Hutch*, y el mismo de la película *Animal House*.

Un día Fernando se la presentó al torero y las ventas se dispararon. Le fue tan bien a Wendy en el negocio que llegó a comprar un kilo para revendérselo a los minoristas. Fernando le cobró a su novia una alta comisión por presentarle al torero de Palmira, éste último también le dio un porcentaje por la nueva clienta, mil dólares. A Fernando le iba muy bien pero la vida nocturna, de farra, lo estaba destruyendo. Se le hacía difícil alejarse del negocio para buscar otra forma de ganar dinero, pero de manera legal. Pensó en la única persona que lo podía ayudar a lograrlo, su tío Miguel.

La pizzería Dominos estaba vendiendo una franquicia ubicada en la 7ª Avenue con 73 Street, en Nueva York. El precio del negocio era de 80 mil dólares. Su tío Miguel ordena que le entreguen ese dinero, para ello lo citan en un Burguer King ubicado Northeen Boulevard, al lado de un famoso restaurante colombiano.

Se muda a un Basement, en Danberry, Connecticut. A la pizzería le coloca un administrador quien la empezó a manejar con mucho éxito, pero Fernando regresa a la rumba pesada, acompañada de las drogas. Ya se vislumbraban más problemas.

Un día se va con unos amigos a su apartamento y allí un tipo drogado le mete un revólver en la boca y casi lo mata. La policía llegó y capturó al agresor, a quien condenaron a tres años de prisión. Pero el problema mayor fue cuando le comunicaron el 20 de noviembre de 1984 desde Cali que a su papá lo habían capturado en Madrid, España, junto con Jorge Luis Ochoa Vásquez.

Fernando se asustó y decidió hacer un pare en su alocada vida. Para bajar la presión decide irse a Los Ángeles, California, y pasar unos días, aprovechando para verse unos partidos de fútbol *soccer*, era febrero de 1985. Allá en un estadio conoce a una de las bastoneras de uno de los equipos, Ana Cristina. Fue amor a primera vista, no llevaban un mes de novios cuando salió embarazada. El 22 de diciembre de 1985 nació su hija Jennifer.

Fernando regresó a Nueva York muy enamorado y entusiasmado. Cada quince días viajaba a Los Ángeles a visitar a su novia. Para mediados de año llegó a Nueva York su hermana Alexandra, se fue a vivir con él. Iba a un curso de verano de inglés, pero terminó aprendiendo fue 'mexicano'. También llegó a Estados Unidos su primo William Rodríguez Abadía, para un tratamiento médico, ya que estando en Madrid una puerta eléctrica lo apresó y le dejó una lesión en la columna.

En Nueva York todo iba aparentemente bien, los negocios, la vida social… pero no el perfil de Fernando. Ya algunas personas lo asociaban a sus familiares de Cali. Además, la situación se complica con la presión que estaba ejerciendo el Gobierno Norteamericano ante el de España para la extradición de Gilberto Rodríguez a los Estados Unidos. Fernando recuerda lo que pasó con los Múnera y sabe que la DEA vinculó a su papá en ese caso. Sus temores aumentaron cuando su tío Miguel lo llamó desde Colombia, preocupado por la presión de los gringos al Gobierno español. Previendo una embestida de las autoridades americanas contra familiares de los Rodríguez Orejuela le aconseja que salga de inmediato de Estados Unidos y regrese a Cali. Fernando convence a su novia Ana Cristina, quien había dado a luz a Jennifer, para irse a Colombia. Arriban a Cali el 4 de julio de 1986, días antes que los Rodríguez Orejuela le hubieran ganado un pleito a los norteamericanos.

Por supuesto que fue la única vez que lo lograron.

IV. El único triunfo de los Rodríguez Orejuela sobre los Estados Unidos

Para 1984 los colombianos iban a empezar a conocer el poder criminal y de corrupción de la mafia. Un debate que se inicio contra el entonces ministro de Justicia, Rodrigo Lara Bonilla, por un cheque que le habría girado el narcotraficante Evaristo Porras dio inicio a la espiral de muerte más sangrienta que haya conocido esta generación en Colombia... y que aún no termina.

Con el ánimo de demostrarle al país de que no era empleado de los mafiosos, Rodrigo Lara, comenzó a golpear al narcotráfico en su corazón: La producción de drogas.

En aquella época, en donde aún existía el asombro, los colombianos descubrieron pasmados la destrucción de los dos más grandes complejos de drogas que se conocían hasta ese momento: 'Tranquilandia' y 'Villa Coca'.

Para aquella época los 'narcos' colombianos traían la pasta de coca de Perú y Bolivia. Acá todos se asociaban para aminorar costos de producción. Era una forma de sociedad a la que todavía se le llama 'El Apunte' o 'por cooperativa', y que consistía en anotarse con determinada cantidad de droga, la cual era enviada al exterior por una ruta de propiedad de un narcotraficante. La pasta de coca llegaba hasta el laboratorio y allí se procesaba para convertirla en las conocidas 'Panelas' de un kilo de peso.

Inicialmente con los apuntes había problemas las veces que se caía un cargamento, pues no se podían establecer las responsabilidades. Luego de varias 'cumbres de negocios' se estableció un mecanismo ideal para 'traquetear', el cual hasta el día de hoy funciona.

Cada embarque lleva un sello que hace único ese envío, pero se usa principalmente para establecer quién es su propietario. También sirve para saber qué 'narco' es el damnificado si llegan las autoridades a confiscar el embarque. Para mayor claridad la situación es la siguiente: Un 'narco' tiene una ruta de envío de coca por México. Entonces cuadra con su comprador y socio en ese país, para el envío de tres toneladas (tres mil kilos), el cliente acepta y establecen la fecha de despacho.

El dueño de la ruta no tiene esa cantidad de droga disponible por lo que llama a sus 'colegas' y les ofrece apuntarse. Los que se apuntan mandan su alijo con su marca particular para que se sepa cuánto envía cada uno.

Aquí era donde existían problemas anteriormente, ya que el dueño de la ruta debía responder a los demás por todo si se caía la 'mercancía'. Pero existía la posibilidad de que uno de los 'apuntados' tuviera 'cola', esto es que ya las autoridades lo tenían bajo vigilancia y por esta razón se producía el fracaso. Es entonces cuando se decide optar por una solución más 'equitativa', y que consistía en que todos respondían por los costos del embarque hasta donde este 'se cayera'. Pero si ya la droga caía en manos de las autoridades, luego de ser entregada, sin novedad alguna, era el comprador en México el responsable.

También se podría dar el caso de que el alcaloide cayera después de entregado. El juicio de responsabilidades se iniciaba paralelo al de las autoridades norteamericanas.

Los gringos nunca han sabido que los indictment de sus autoridades son el documento idóneo para que los 'narcos' diriman sus conflictos. Antes de que empiece el ajuste de cuentas por la caída de un cargamento, se espera el indictment para establecer a quién estaban persiguiendo las autoridades americanas.

En estos informes está descrita toda la labor de inteligencia que se realizó para dar con la droga, ya que el sistema judicial de los Estados Unidos no permite se oculte dato alguno.

Entonces, los 'narcos' al conocer los indictment saben quién era el que tenía la 'cola'. Y quien la tenga le responde a todos los demás socios que se apuntaron con el cargamento. El desconocimiento de la deuda se paga con la vida. Para este tipo de situaciones existen unas empresas llamadas 'Oficinas de Cobro'.

Gilberto Rodríguez Orejuela vivió un tiempo en Estados Unidos y tuvo la oportunidad de conocer el sistema. Una vez se cayó un cargamento de una tonelada. Después de la 'desgracia' vinieron las sindicaciones y juicio de responsabilidades. Don Miguel pidió que le enviaran copia del indictment. El fax llegó a las pocas horas y se impartió la orden de que se quedaran tranquilos, pues ya todo estaba solucionado. Cuando los Rodríguez Orejuela tenían dudas del informe enviaban en el siguiente vuelo de Colombia a Estados Unidos un abogado conocedor del sistema judicial americano. En menos de 48 horas estaba de regreso con un indictment que no coincidía con el que le enviaron por fax. Los días siguientes fueron sangrientos en las calles de Nueva York, el ajuste de cuentas tenía implícito el mensaje del que la hace la paga.

Un embarque de cocaína se entiende 'coronado' en una primera parte cuando el dueño de la ruta lo entrega, sin percance alguno, en el sitio acordado. En este caso, en una pista o costa del Golfo de México si la salida es por el Caribe colombiano. La segunda parte del 'corone' está cuando el comprador hace el pago, usualmente en dólares, dinero que puede ser entregado en México o en Estados Unidos, por lo general no es en el mismo sitio en donde llega la droga. Hay un principio entre los 'narcos' que reza: "La plata no se guarda donde está la mercancía".

Para 1984 la demanda de droga hacia los Estados Unidos se había disparado de tal manera que los narcos colombianos no estaban preparados para abastecer semejante mercado, por lo que los Rodríguez Orejuela hicieron un puente aéreo desde una pista en el Perú llamada 'Campanilla', hasta otra en el sur de Colombia conocida como 'Mercaderes'.

Tenían sus propias 'cocinas' pero también se apuntaban con las rutas que tenían sus 'colegas' del Cartel de Medellín, quienes eran los amos y dueños de 'Tranquilandia' y 'Villa Coca', el primero administrado por un sujeto que daría mucho que hablar años después, Fidel Castaño Gil. El parte de victoria del Ministro de Justicia, Lara Bonilla, sobre la estructura del narcotráfico, fue su condena a muerte, lo mismo que la del oficial de antinarcóticos que comandó la operación, Coronel Jaime Ramírez.

Colombia nunca más fue igual después del asesinado de Rodrigo Lara Bonilla a finales de mayo de 1984.

Esto llevó a los miembros de los Carteles de Medellín y de Cali a huir. Muchos se refugiaron en Panamá. Allá estaba el 'Hombre Fuerte' de los 'narcos', su presidente, Manuel Antonio Noriega.

Gilberto Rodríguez Orejuela estaba por Suramérica con una novia cerrando varios negocios legales, cuando lo sorprendió la noticia. Coincidencialmente el América de Cali jugaba el 3 de mayo de 1984 con el Flamengo, en Río de Janeiro.

'La Mechita', como le dicen al América de Cali, perdió esa noche cuatro goles a dos.

Las medidas del presidente Belisario Betancur no se hicieron esperar. Ordenó la extradición de narcotraficantes a los Estados Unidos, medida que era el 'coco' de los 'narcos' en esa época.

Gilberto Rodríguez viajó hasta Panamá a encontrarse con sus socios, entre los que se encontraban los Ochoa Vásquez.

Cuando Gilberto vio el derroche y descaro con que vivían los miembros del Cartel de Medellín en Ciudad de Panamá decidió viajar a Europa, pero no comentó con nadie su propósito. Días después aterrizó sin inconveniente alguno en el aeropuerto de Hetrow, en Londres.

Después de estar varios días allí viajó a Madrid, en donde se radicó. Allí se encontró con Jorge Luis Ochoa Vásquez, su socio y amigo. Cada uno compró una propiedad en un exclusivo complejo residencial de la capital española. El buen gusto por las comidas, los vinos y las mujeres sobresalieron por su exageración.

Una noche se fueron para el lujoso restaurante El Corral de la Morería, con varios amigos y amigas. Como era costumbre pidieron lo mejor… lo más costoso. El dueño del restaurante se comenzó a inquietar por la cuenta. Llamó a una estación y les dijo que tenía a varios comensales que estaban gastando mucho y que temía no le fueran a cancelar, por lo que les pedía estar atentos. La cuenta dio alrededor de 6.000 dólares, que pagaron en efectivo. Lo que generó más suspicacia en el propietario quien le contó todo a la policía. Desde ese momento empezaron a ser vigilados con mucha discreción.

Muchos familiares de Gilberto Rodríguez se aprestaban a viajar a Madrid para pasar la Navidad en familia, así como era la costumbre desde que sus negocios empezaron a florecer.

Pero una llamada el jueves 15 de noviembre de 1984 cambió los planes. El informante decía que Gilberto Rodríguez y Jorge Luis Ochoa habían sido capturados por la Interpol. Pero ningún medio daba la noticia, sólo hasta el 18 la Policía española dio la información. Argumentaron que el sigilo se debía a que se estaba verificando con la embajada de Colombia y Estados Unidos los antecedentes.

Las autoridades americanas de inmediato pidieron fueran extraditados a su país, las colombianas hicieron lo mismo. Los Rodríguez Orejuela y los Ochoa Vásquez sabían que estaban en España y que allá la situación era a otro 'precio'. De todas maneras, por la enseñanza que les había dejado el negocio de las drogas, sabían que los dólares tienen el mismo poder corruptor en toda la faz de la tierra.

La agencia de noticias Associated Press registró para todos sus abonados que el "accionista del Grupo Radial Colombiano y del Banco de los Trabajadores" fue pedido en extradición por los Estados Unidos.

El Ministro de Justicia de Colombia, para ese entonces, Enrique Parejo González, confirmó que Gilberto Rodríguez tenía orden de captura en su país con fines de extradición. Que el 9 de agosto de 1984 su residencia, en la Calle 94 No. 4 A - 50, había sido allanada en su búsqueda. Posteriores informes de inteligencia confirmaron que estaba en Ciudad de Panamá. Mientras tanto, en Madrid los detenidos fueron enviados a la cárcel de Carabanchel. El mercado de los abogados especializados en Derecho Penal

Internacional se partió en dos. Un concepto jurídico de cinco párrafos llegó a costar hasta 20.000 dólares.

En Colombia era normal ver una controversia empresarial internacional, pero muy rara una en la rama de lo penal. En España se llegó a decir que este era un "embrollo jurídico sin antecedentes". Y no era para menos conociendo lo que estaba en juego y las chequeras que manejaban los sindicados.

Para esta misma época se había dado, también en España, el caso de la famosa valija diplomática que involucró al funcionario consular colombiano Gustavo Jácome Lemus. Para algunos columnistas de la época parecía que el fuero diplomático lo tuvieran los internos de Carabanchel y no el funcionario, quien tiempo después fue absuelto.

Parecía como si al Gobierno colombiano le interesara más solucionar el problema de los narcos detenidos, que la situación de su funcionario diplomático. Y así pareció porque solicitaron a España la extradición de aquellos para que fueran juzgados por los delitos por los que acá se le buscaban.

A Jorge Luis Ochoa lo requería un Juzgado de Cartagena por contrabando de toros de lidia. A Gilberto Rodríguez en Cali por el robo de carros, el secuestro de unos suizos y un 'raro' caso de drogas que se montó en tiempo récord.

El balón quedaba en el terreno de los españoles ellos eran los que decidirían si eran extraditados a Colombia o a los Estados Unidos. El presidente de España en ese momento era Felipe González, del Partido Socialista Obrero Español, Psoe, ejercía como Jefe de Gobierno desde 1982. Coincidencialmente era muy cercano al presidente de Colombia Belisario Betancur, y a otro ilustre colombiano, Gabriel García Márquez, premio Nobel de Literatura en 1982, y quien fue protagonista de este conflicto con sus declaraciones a favor de la extradición a Colombia de los narcotraficantes detenidos.Cuando llegaron las peticiones de extradición de los dos países, Estados Unidos y Colombia, correspondió a la Sección Segunda de lo Penal de la Audiencia Nacional de Madrid el estudio de las respectivas peticiones. En su concepto las consideran "legales y viables".

Los abogados españoles de los capos, recurrieron la decisión, alegando que la petición de los Estados Unidos tenía "implicaciones políticas", pues los americanos lo que pretendían era implicar al régimen sandinista de nicaragua en el tráfico internacional de cocaína.

El 17 de febrero de 1986 la Audiencia Nacional concedió la extradición a Estados Unidos o Colombia, pero declaró preferencial la solicitud de Colombia. El Fiscal presentó recurso contra esta decisión, la Sala de lo Penal fijó el 11 de abril para estudiar el recurso, pero la defensa se vino en contra de la Sala, por lo que esta convocó para el día siguiente.

Por su parte el gobierno de Felipe González ante esta situación planteó un conflicto de jurisdicción al atribuirse la decisión final sobre la extradición a Colombia o Estados Unidos.

Para aquel entonces un cable de la AP, para el mundo, dijo: "Esta es la primera vez en cien años que se da (en España) un conflicto de jurisdicción planteado entre el ejecutivo y el judicial en un asunto penal".

No puede pasar inadvertido que el 22 de junio de 1986 eran las elecciones presidenciales en España y Felipe González buscaba su reelección. Este problema político-penal no dejaba de ser un inconveniente que había que solucionar pronto.

El 8 de junio de 1986 la Sala de Conflictos del Tribunal Supremo deliberó en torno del conflicto de jurisdicción surgido entre el Gobierno y la Audiencia Nacional con respecto a la extradición de los detenidos.

"Se originó un interminable antagonismo jurisdiccional que fue necesario nombrar un Tribunal Especial para resolver el embrollo jurídico entre el Tribunal Supremo, la Audiencia Nacional y el Gobierno de Felipe González", así reseñó la AP. Mientras, la romería de abogados colombianos y españoles, contratados por el dúo Rodríguez-Ochoa, se movían en todos los frentes. Unos en lo estrictamente jurídico; otros, en el sórdido mundo del soborno. Miguel, el hermano de menor de Gilberto, desde Bogotá había puesto a todos sus distribuidores de coca en Europa a no escatimar en el dinero que hubiese que entregar con tal de traer a su hermano de regreso a Colombia. Estaba aplicando una estrategia que utilizó con su equipo el América de Cali: "Vamos a ganar, cueste lo que cueste".

Y si eso implicaba llegar hasta el Palacio de la Moncloa... había que llegar. El 20 de junio de 1986 la Sala de Conflictos del Tribunal Supremo determinó que la extradición de los narcotraficantes correspondía a la Audiencia Nacional y no al Gobierno de Felipe González. La Audiencia sentenció el envío de Rodríguez y Ochoa a Colombia y no a los Estados Unidos.

Fue la única vez que los Rodríguez Orejuela y los Ochoa Vázquez le ganaron un mano a mano a los gringos. Pero dicen que a las autoridades americanas les encanta aquel aforismo que dice: "Las cosas buenas para los que saben esperar".

Y esperaron hasta octubre de 2006 cuando los condenaron en Estados Unidos a los dos, Gilberto y Miguel. Años antes ya lo habían hecho con el hermano menor de Jorge Luis Ochoa, Fabio. Así se concluye con la frase que lanzó la directora de la DEA, Karen Tandy, al celebrar la sentencia: "Señores Rodríguez: Jaque Mate".

* * * * *

Pero antes de ese Jaque Mate sería mucha la droga que los Rodríguez Orejuela, junto a los demás integrantes del Cartel de Cali, enviarían a los Estados Unidos.

El vuelo 925 de la aerolínea española Iberia, del día 27 de junio de 1986, ya sabía que debía esperar a un pasajero custodiado por agentes de seguridad españoles y colombianos. Les dijeron que se trataba de un "negociante y banquero de 46 años" que había tenido problemas. Bien temprano, en la Cárcel de Alcalá, en Madrid, a donde había sido enviado el capo desde Carabanchel, el director autorizó la entrada al penal de su hermana Haydee Rodríguez Orejuela, quien le llevó un vestido hecho a la medida por uno de los mejores sastres italianos. Era un soberbio traje azul a rayas, una camisa blanca, una delicada corbata roja de seda, un par de medias y unos zapatos negros. Esa era la pinta del capo para su triunfal regreso a Colombia. A las 7 de la mañana salió la caravana que lo llevó hasta el aeropuerto Barajas, en Madrid. No entró a ninguna sala, sino de inmediato al avión de Iberia. El cónsul de Colombia en España, Arsenio Suárez, fue el funcionario encargado de supervisar los trámites.

Más de 14 familiares, entre los que se encontraban sus abogados, acompañaron a Gilberto Rodríguez a su regreso a Colombia.

Jorge Luis Ochoa tuvo que esperar dos semanas más para regresar al país.

En el aeropuerto El Dorado se encontraban decenas de amigos, familiares y periodistas. Gilberto fue trasladado a las instalaciones del DAS y después en avión a Cali. A esta ciudad llegó alrededor de las 8 de la noche. Los funcionarios del DAS y del Inpec accedieron a llevarlo a la casa de Marta Lucía Echeverri, su cuñada, ubicada en Cali en la Avenida del Río, vía al zoológico. Es una majestuosa mansión con una fuente a la entrada y piscina que todavía existe. Allí estaban todos sus familiares esperándolo, con los que compartió por varias horas.

Gilberto se movilizó en un Mazda 626 blindado de su propiedad, los funcionarios que lo custodiaban lo hacían en autos oficiales.

Aquí se presentó una curiosa situación. Los funcionarios del Inpec querían irse y llevar a Rodríguez a la cárcel lo más pronto posible, pero los del DAS les pedían que se "tranquilizaran". La verdad era que los del DAS le habían hecho 'conejo' a los del Inpec. Por lo que Miguel Rodríguez tuvo que intervenir y hacer un aporte de 10 millones de pesos más. Después de superado este impasse pudo Gilberto estar hasta las 5 de la madrugada con su familia. Cuando se fue estaba bastante tomado y alegre.

Allí fue cuando contó todas las anécdotas de su detención en España e hizo un comentario que aún cuesta creer: "salir de allá nos costó 20 millones de dólares y Felipe González se quedó con cinco".

"El día de la audiencia para determinar a dónde nos enviaban, si a Colombia o Estados Unidos, los Ochoa metieron en un maletín a la Corte unos bonos al portador, equivalentes a seis millones de dólares para 'enderezar' al que se torciera", contó entre risas Gilberto Rodríguez Orejuela.

Comentó que los emisarios de Felipe González insistieron en que las elecciones estaban cerca y necesitaban el dinero, razón por la cual autorizaron la entrega.

Ese diciembre de 1986 estaban todos los familiares de los Rodríguez Orejuela reunidos para celebrar el año nuevo. Fernando se había preparado para decir las palabras en el brindis, pero fue su tío quien lo hizo. Celebró el Nuevo Año prometiendo que en 1987 su hermano Gilberto estaría en libertad... y así fue.

Y es que debía ser así, ya que los mismos funcionarios judiciales que montaron los cargos para que lo extraditaran de España a Colombia fueron los mismos que lo defendieron acá. Y el Juez Posso era todo un 'Mompa'. Así lo demostró el 27 de julio de 1987, al dejar en libertad condicional a Gilberto Rodríguez Orejuela.

***** *

Fernando ante el carcelazo de su padre se reconcilia con él y se convierte en su secretario en la cárcel de Villahermosa de Cali. Era quien recibía las solicitudes y llevaba el listado de las personas que podían entrar a visitar al capo. Era también el que solucionaba todos inconvenientes que se presentaban, el que estaba pendiente de que no le faltara nada a la nevera del capo, el que revisaba el menú diario que iba a recibir su papá; en fin, era el 'todero'. Para desempeñar bien sus labores su padre lo envió a Mazautos, en la Calle 5 con Autopista, en el Barrio El Limonar, le dijo que preguntara por Diego y que le dijera que le entreguara un Mazda 626L, cero kilómetros. Fernando escogió uno rojo. Además, Don Gilberto, le asignó una respetable caja menor, para los gastos varios y cuatro escoltas que se movilizaban en un Renault 18 - 2 Litros.

Su tío Miguel le autorizó abrir una cuenta corriente en el Banco de Occidente, en la sucursal de la Cra. 4 con Cle. 13, en donde el gerente era Álvaro Muñoz Castro, ex jugador del América de Cali, con un cupo de sobregiro hasta por 9 millones de pesos.

Pero ese cupo sólo sirvió para pagar deudas de casinos, licor y drogas. El abuso fue total.

Sentía que tenía poder y eso le encantaba.

Luego de terminar su tarea en la cárcel de Villahermosa, como a las cinco de la tarde, sentía que debía relajarse. Y el mejor sitio para hacerlo era el casino y uno que otro pase de coca. Allí llegaba por las noches a encontrarse con un grupo de amigos, entre los que se encontraba Miro Malca, el propietario de los almacenes que llevan su apellido; y Juan José Bellini, entre otros. Cientos de miles y millones se ganaban o perdían cada noche de juego, que era acompañada de varios litros del mejor escocés.

Una noche estando en el casino del Hotel Intercontinental le presentan a 'Lucho' Santacruz, hermano de José 'Chepe' Santacruz, que se encontraba con la novia de turno Adriana Campo. Sólo se saludaron.

'Lucho' debe cumplir compromisos íntimos con su compañera y se va pronto. Cuando está sacando su automóvil del área VIP del parqueadero del hotel golpea otro carro. Llama al celador y le pregunta de quién es el Mazda que golpeó. El celador le dice que de Fernando, y agrega la frase importante, "el hijo de Don Gilberto".

'Lucho' manda a llamar a Fernando con el celador.

Al llegar le dice al hijo del capo, "déme su teléfono que yo se lo arreglo", y se va después de anotar el número.

Al día siguiente una de las empleadas llama a Fernando, como a las once de la mañana, y le informa que unos señores vinieron por su carro. Baja de inmediato y le pregunta a las personas que cuál es le problema. Uno de ellos le dice que ninguno, que el Señor 'Lucho' le envía un Renault 18-2 Litros cero kilómetros, para que ande en él mientras le reparan su Mazda.

Desde allí nace una entrañable amistad entre Fernando y 'Lucho'. Las cuentas de Fernando no estaban bien en el Banco de Occidente, llevaba tres meses de sobregiro agosto, septiembre, octubre. Por lo que le pide a 'Lucho' que le preste la plata para cubrir la obligación. El amigo le hace el favor para que salga del problema.

A 'Lucho' le resulta un viaje urgente a los Estados Unidos y le pide a su amigo que le cuide a la novia, Fernando cumple con 'excesivo' esmero este ruego. 'Chepe' Santacruz se entera por intermedio de su hermano del préstamo a Fernando. Se lo comenta a Miguel Rodríguez y éste a su vez se lo dice a Gilberto.

Se rompen nuevamente las relaciones.

Gilberto Rodríguez ordena que le quiten el Mazda y que no vaya más por la cárcel a servirle de secretario, funciones que ya venía descuidando por las amanecidas en el casino.

Le tocó andar a pie por unos días, hasta que decidió coger como vehículo de transporte uno de los dos taxis que había comprado con una plata que se había traído de Estados Unidos.

Fernando no soporta la presión que sigue contra él en Cali, por lo que decide ir a pedir perdón a la única persona que siempre lo hacía, su tío Miguel. Clama por una nueva oportunidad y dice que quiere irse a estudiar a Francia con Ana Cristina y su hija Jennifer. Su tío lo perdona y asume todos los costos de la familia en París.

Su compañera Ana Cristina le exige como única condición para acompañarlo que primero se casen.

Contraen matrimonio en la iglesia de La Merced, de Cali. La única persona de la familia que asiste a la ceremonia es su abuela paterna, Rita. Ningún otro miembro quería acercársele para no contrariar a su padre Gilberto. Todos lo querían... pero bien lejos de Cali. Llegan a París el 23 de noviembre de 1986.

En Francia vive en un apartamento en Costa Azul, en Port la Gavine. En donde también residía para aquella época la esposa del Sha de Irán.

Deseoso de hacer un pare en su vida, con el fin de darse una nueva oportunidad, esta vez en compañía de su segunda esposa y de su hija, se matricula en 1987 en un instituto de idiomas para estudiar francés y en la Universidad de Toulon en Gestión Gerencial.

La vida no era nada fácil por las costumbres y la falta de amigos, pero era llevadera ya que no tenían problemas económicos porque el arriendo y los gastos del apartamento los pagaba en su totalidad Miguel Rodríguez.

En una ocasión, cuando llevaba como un mes en Francia, llamó a su tío Miguel para saludarlo. La secretaria le dijo que tenía que esperar en la línea. Era una llamada con pago revertido. Estuvo por una hora en la línea hasta que su tío pasó. Luego del saludo y hablar de cómo le iba le dijo: "Mijo allí le voy a mandar lo del mes".

Fernando se quedó unos segundos pensativo, luego dijo: "No tío cuando yo me vine usted me dio para dos meses, no tiene porque mandarme nada".

Escuchó claramente el tono de la risa de su tío, quien le respondió: "Lo estaba probando güevón, ahí le mando cinco mil dólares más", y colgó. Hacía tiempo que Fernando no experimentaba que ser correcto traía sus beneficios.

Para inicios de 1988 Cristina queda embarazada de su segundo hijo, David. Ella, para contar con mejores cuidados por su estado, decide viajar a Colombia. Su esposo se queda en París y regresa a Cali en diciembre del mismo año.

Fernando se regresa de un todo a Colombia en mayo de 1989. Llegó a Cali a las 8 de la noche en un vuelo procedente de Bogotá. Para su organismo, que estaba acostumbrado al horario de Europa, eran ya las 2 de la madrugada del día siguiente.

Dejó el equipaje en su residencia y salió de inmediato para Ciudad Jardín, barrio en donde quedaba la casa de su tío Miguel. Iba a saludarlo y a darle las gracias por haberlo apoyado en los más de dos años que estuvo en Francia con su familia.

También llevaba en sus manos los certificados de estudios y las notas de los cuatro semestres que cursó en Gestión Comercial.

Al llegar uno de los secretarios le informa que su tío le pide que lo espere hasta que termine de atender una gente para que lo acompañe a comer en un restaurante. Eran las nueve y media de la noche. Fernando se acuesta en un sofá, cuando se estaba quedando dormido escuchó la voz de su papá que había llegado a dialogar un momento con su hermano Miguel. Se levantó y fue al encuentro del recién llegado, que al verlo se sorprendió.

Se dieron un frío saludo. Fernando le mostró los certificados, su padre que a penas los miró, ni siquiera los tomó en sus manos. Lo miró y se despidió.

Fernando regresó al sofá y se durmió allí. A las dos de la madrugada lo despertó su tío Miguel, quien lo invitó al Restaurante Apolo a comer carne asada.

En el trayecto le muestra los certificados y las notas a su tío; y le da las gracias por toda la colaboración que le brindó en su permanencia en Francia.

Al llegar al restaurante un borracho está formando problemas por lo que Miguel Rodríguez le pide a uno de sus escoltas que llamen a la Policía. A los pocos minutos llegan unos agentes al mando de un teniente amigo del capo.

Rodríguez Orejuela le regala un millón de pesos y le dice al oficial: "Déjemelo dos días arrestado y me lo pone a barrer y lavar baños". El teniente respondió: "Como ordene jefe", y partió con el ebrio.

Miguel·Rodríguez puso al tanto a Fernando sobre la guerra contra Pablo Escobar. Le entregó un radio, dos carros, varios escoltas y una tarjeta en donde estaban todas las claves y códigos para poderse comunicar entre ellos.

El código de Fernando era el 205. Fernando parte en una Toyota, junto con sus escoltas, rumbo a su casa. Tomó por toda la Avenida Roosvelt hacía el sur de Cali. A la altura de la calle 54 lo detiene un retén del Bloque de Búsqueda de la Policía Nacional. Eran agentes recién llegados a la capital del Valle y que no le 'comían cuento a nadie'.

El hijo del capo del Cartel de Cali estaba sin documentos, los había olvidado cuando salió para la casa de su tío. Eran las cuatro de la mañana. Ante la dificultad decidió estrenar el radio que le habían entregado. Llamó primero al código 'La Primerísima', que correspondía a Mariela Mondragón, su mamá. No le contestaron. Entonces llamó al 204, su hermano Jaime, que vivía en Ciudad

Jardín. Le pidió que si podía mandar a donde Cristina por sus documentos, ya que estaba en un retén de la Policía por indocumentado.

Por la misma frecuencia retumbó la voz de su padre cuando llamaba a su hermano. Cuando Miguel le respondió le dijo sarcásticamente: "Allí está ya su pupilo borracho y emproblemado en un retén de la Policía, eso es para que usted vea". Miguel le respondió que eso no era así ya que hacía 20 minutos se habían despedido y no se habían tomado ni un trago.

Gilberto no respondió, apagó el radio. Ni siquiera le mandó ayuda a su hijo Fernando.

Sin saber que estaba pasando ya su papá lo estaba acusando, pensó Fernando. Desde ese momento tuvo la seguridad de que las cosas con su padre no habían cambiado.

Seguía siendo la oveja oscura de la familia. Cada llegada o regreso a Colombia le traía problemas, era como si un sino trágico lo acompañara. Ya estaba más grande y sabía que debía salir sólo adelante. Necesitaba empezar a trabajar duro para poder independizarse. Al poco tiempo se dio cuenta que podía ser más fácil de lo que se imaginaba, ya que esa fue la época de mayor esplendor del Cartel de Cali. Eran los dueños de casi todo: política, comercio, construcción, autoridades de todo tipo y de las rutas más 'coronadoras' del 'traqueteo'.

A todo esto se suma que un año atrás había llegado al Cartel Helmer 'Pacho' Herrera, quien le inyectó más dinero y poder al grupo de Cali.

Fernando decide actuar con inteligencia, para no incomodar a sus familiares decidió seguir estudiando. Se presentó a donde el Padre Correa, rector de la Universidad San Buenaventura de Cali, y gran amigo de Gilberto Rodríguez, a quien le entregó sus certificados de notas de sus estudios en Francia. Luego de revisarlos se los avalaron y entró a cursar V Semestre de Contaduría Pública.

Mientras estudiaba de noche en la San Buenaventura, en el día se dedicaba a las relaciones públicas, se codeaba con los socios más poderosos de su papá y su tío. Uno de estos nuevos amigos fue Julio Fabio Urdinola, hermano del confeso narcotraficante Iván Urdinola Grajales, ya fallecido. El otro fue Fernando Barrera, este personaje tenía, y bien merecida, la fama de bajar dólares de Estados Unidos en menos de 48 horas, servicios estos que se pagaban a un altísimo interés. Monto que fluctuaba de acuerdo a la 'necesidad' del cliente.

Entre sus nuevas amistades también contó con la de Efraín Hernández, 'Don Efra', y Henry Loaiza, 'El Alacrán'.

Para esta época Fernando Rodríguez Orejuela demostró toda la sagacidad y astucia para los negocios, cualidades que poseía su padre desde muy niño cuando entró al mundo del hampa.

A Barrera le conseguía clientes para la bajada de los dólares, por lo que se ganaba jugosas comisiones que eran canceladas en efectivo o en propiedades o vehículos; millonarias ganancias que años después perdió en su totalidad en malos negocios, pero en especial por su desordenada vida.

* * * * *

Fernando Barrera tenía entre sus antecedentes el de bajar en tiempo récord dinero de los Estados Unidos. Por esta razón era el más buscado por algunos mafiosos para que les adelantara o les entregara dólares o pesos colombianos producto de un embarque 'coronado' en Norteamérica.

Una de las formas más comunes de bajar dólares de los Estados Unidos es por medio del envío de electrodomésticos, para luego venderlos en Colombia. Otros usan los mismos para desarmarlos y llenarlos de billetes y enviarlos a Colombia.

En el mundo del narcotráfico hay épocas de 'vacas flacas', la mayoría de los narcos después de un envío se quedan por un tiempo ilíquidos hasta que les bajen la plata del embarque 'coronado'. Por lo que salen a buscar dinero como sea.

Es aquí en donde entran los intermediarios y lavadores.

Antes, cuando no había los controles que ahora existen, el mismo avión que llevaba la droga regresaba cargado de decenas de tulas con millones de dólares. Algunos mafiosos al ver tanto dinero llegaban al paroxismo de encender cigarrillos con billetes de hasta cien dólares.

Hoy ha cambiado la situación, si bien no cogen los billetes de encendedor aún se siguen enloqueciendo con tanta plata.

Fernando Barrera montó una caja de cambio internacional, que funcionaba con sólo una llamada.

El narco que había coronado el negocio o el responsable del embarque lo contactaba y le pedía que le bajara los dólares. Barrera cobraba una alta comisión por el negocio. Pero la mayoría de las veces necesitaban el dinero al instante lo cual complicaba la situación pero elevaba considerablemente los intereses.

Para evitar deudas se debitaba la comisión con la entrega del dinero. Si un mafioso necesitaba 2 millones de dólares o más en Colombia, Barrera le preguntaba que para cuándo, de acuerdo a la respuesta se tasaba el interés. Si era para el mismo día podría cobrarse 16%. Se sabe de casos que se cobró hasta 20%, estos últimos cuando hay de por medio deudas viejas entre los mafiosos que no dan espera.

Barrera tenía como una especie de bodega-caleta de dólares en los Estados Unidos en donde se almacenaban los pagos de los préstamos que se hacían en Colombia. Para este caso el mafioso que estaba solicitando los 2 millones de dólares, para ser entregados ese mismo día, debía llamar a su representante en Estados Unidos, específicamente en Nueva York, para que le entregara al emisario de Barrera la misma cantidad de dólares que estaba solicitando en Cali. Había que esperar unas horas mientras el trabajador de Barrera regresaba a su 'caleta', sano y salvo, con los dos millones de dólares. Todo esto para evitar que les tendieran una trampa o les descubrieran la bodega.

Cuando Barrera recibía la confirmación de sus subalternos desde Nueva York, de que los dólares se recibieron sin ningún contratiempo procedía de inmediato a realizar la entrega en Colombia del dinero. Claro está, que previo descuento de los intereses.

Hay que precisar que el interés que se cobraba se incrementaba de acuerdo a la ciudad en donde el interesado quería que le situaran los dólares. Para quienes manejan este tipo de negocios todas las ciudades no tienen la misma 'temperatura', ya que hay unas más 'calientes' que otras. Por lo general esta intensidad de calor jamás se establecía en grados centígrados.

Hoy en día esta modalidad se ha popularizado tanto, que en muchos locales de los 'Sanandresitos' de las principales ciudades capitales se hace una transacción de estas en menos de dos horas. Algunos propietarios tienen 'encaletadas' en sus negocios inmensas cajas fuertes en donde guardan millones de dólares y joyas para negociar con los narcos. Con esta modalidad muchas personas se enriquecieron rápidamente.

Esta forma de pago 'flash' llevó a muchos narcotraficantes a perder el interés por 'bajar' millones de dólares desde los Estados Unidos, ya que los prestamistas quedaban con la responsabilidad de traerla.

Los grandes capos del narcotráfico siempre vieron esta modalidad de recuperar su 'inversión' como una manera de perder respeto frente a un prestamista, por lo que siempre prefirieron tomarse todo el tiempo necesario para traer a Colombia los dólares completos, producto de los grandes embarques de coca.

Últimamente, y asesorados por 'respetados' inversionistas de bolsa y financieros, prefieren que los dólares, producto de las drogas ilícitas, entren al sistema financiero mundial. En donde se hace más difícil el control y el rastreo por parte de las autoridades. Los Rodríguez Orejuela impusieron un sistema de lavado que les dio los mejores resultados. Por intermedio de sus más altos contactos en el mundo de los negocios legales llegaron a financiar la compra en el exterior de algunos de los principales almacenes de cadena de Colombia, a finales de los años 80 y parte de los 90.

Para realizar sus compras en el exterior, en este caso en los Estados Unidos, las empresas debían comprar los dólares en el Banco de la República, pero por cada dólar había que pagar muchos pesos colombianos, lo que reducía sus utilidades.

Los Rodríguez Orejuela montaron una oficina en Miami y Nueva York en donde le entregaban a los representantes de los grandes almacenes millones de dólares en efectivo a un precio muy inferior de como pagaban el dólar oficial en Colombia.

Luego los almacenes, por medio de fraudulentas prácticas de triangulación contable pagaban a los jefes del Cartel de Cali los préstamos en pesos colombianos. Dinero que llegaba a manos de los Rodríguez Orejuela debidamente lavado.

A 'Chepe' Santacruz nunca le gustó esta forma él era más ingenioso. Entre sus tácticas para traer los dólares la que más le dio resultado fue la de hacer regalos para las fundaciones.

En una ocasión una fundación necesitó unas lavadoras industriales, él por intermedio de una empresa se ofreció a donarlas, primero una y después la otra. La compra se hizo en los Estados Unidos y la entidad fue la encargada de hacer los trámites para la importación. La única condición que puso la empresa que la donaba era que primero llegara a una bodega de su propiedad para hacerle los 'ajustes' correspondiente.

La lavadora fue llenada con millones de dólares.

Semanas después llegó a una bodega de Cali, en donde esperaban varios 'técnicos' para desocuparla. Después llegaron otros para volverla a ensamblar. A los pocos días en un diario local salieron los miembros de la fundación en una foto recibiendo la donación.

Muchas lavadoras industriales llegaron a Cali, pero estas en vez de donarlas, después de 'desocuparlas', las echaban al mar.

A otros narcos les gustaba más 'bajar' dólares mediante el soborno a gerentes de banco en los Estados Unidos. Para ello abrían varias cuentas a nombre de diferentes personas, la mayoría ficticias, con una firma previamente acordada, para poder girar dinero o para situarlo, mediante pequeños giros, en los llamados paraísos fiscales del Caribe.

Para este trabajo se valen de personas jóvenes que tienen visa de estudio o trabajo en los Estados Unidos. Es por esta razón que hay muchos nuevos ricos en Colombia que escasamente llegan a los 27 años, luego de trabajar por un tiempo en el negocio del lavado de dólares en el próspero país del norte, en compañía de algunos gerentes de banco.

Entre las tantas modalidades de bajar dólares de Estados Unidos existe una que es ofrecida por personas no traficantes de droga, dueñas de negocios lícitos, pero desconocidos por los narcotraficantes.

Con el ánimo de ganarse varios millones fáciles ofrecen sus servicios para traer los dólares. Para ello los narcotraficantes deben entregar con antelación las sumas a transportar.

Como los mafiosos son muy desconfiados ponen como condición para llevar a cabo el negocio que el tenedor y responsable de los dólares mande a Colombia un cercano familiar 'en consignación', mientras llega el billete.

Esto es, que el familiar llega a Colombia con visa de turista a pasar vacaciones. Lo bajan en un elegante apartamento o casa, pero fuertemente vigilado. Puede llamar las veces que quiera, rumbear, pasear, pero siempre 'acompañado' de personas acordes con la edad del 'enviado' o 'enviada'. Los gastos que ocasione la persona que está 'en consignación' los asume quien debe enviar el dinero. Para ello se hace una liquidación de todo lo que se le entregó. Entonces el deudor gira los dólares correspondientes al lavado y a los gastos del 'garante'. A penas se verifica el pago se le entrega el pasaporte al 'visitante' y se despacha para su país.

Esto funciona por igual con ciudadanos americanos y europeos.

Por eso es común ver familias con inesperados y desconocidos parientes que los vienen a visitar por algunos meses.

Todo este derroche de riqueza llevó al dinero fácil, por lo que cientos de jóvenes se lanzaron a en su búsqueda. Muchos se ofrecían de caleteros, para ir a los Estados Unidos a cuidar las caletas de drogas y dólares.

Por ello era común ver a estos muchachos regresar a Cali, meses después, más blancos de lo que se iban. Porque la única condición para ser caletero era que no se podía abandonar jamás la mercancía. Ni siquiera para tomar el sol.

* * * * *

Fernando Rodríguez se ganó algunas comisiones por presentarle a muchos reconocidos mafiosos del Valle del Cauca a Fernando Barrera.

De un momento a otro el hijo mayor de Don Gilberto Rodríguez Orejuela se convirtió en el nuevo rico de la familia. Ya no los necesitaba para nada, además de no incomodarlos con su comportamiento. Sus cuentas bancarias jamás se volvieron a sobregirar, sus tarjetas de crédito eran doradas, poseía cinco carros, cuatros lujosas casas, una de ellas en San Andrés Islas, y mucho dinero en efectivo.

Pero había un fantasma que lo acosaba: el trago y las drogas. Todas las noches eran de farra, además que tenía el dinero para pagar sus caprichos.

No volvió a las fiestas de Navidad, ni a las de fin de año que organizaba su familia. Sabía que él y sus hijos eran humillados, por lo que se limitó sólo a llamarlos por teléfono para esa época. Durante más de tres años no se volvió a ver con su padre, a pesar de vivir los dos en Cali.

Fueron cuatro años de desenfreno total. Así como ganaba dinero así lo botaba en rumbas, juego, mujeres y droga. Por lo que llegaron los malos negocios, a lo que se sumó la presión de las autoridades contra los lavadores de activos.

* * * * *

A un mal negocio fue que Fernando inicialmente le atribuyó un atentado contra su esposa Cristina.

Una mañana Cristina se desplazaba en su camioneta Taurus, adelante iba con una amiga, atrás estaba una empleada de su empresa y un escolta. En un pare un tipo se acercó y le pegó un tiro al escolta. Cristina aceleró, los sicarios dispararon contra la bodega de la camioneta y huyeron.

Cristina no pudo seguir manejando. Una señora de apellido Maya, que pasaba por el sitio se detuvo para auxiliarla. "¿Usted

123

cree en Dios? La esposa de Fernando asintió muy nerviosa. "Entonces, súbase", le gritó la desconocida auxiliadora.

Fernando indagó con todos sus amigos y enemigos quien pudo ser el autor del atentado, pero no encontró respuestas. Concluyó que no había sido nada relacionado a sus negocios.

Días después apareció muerto el sicario que mató al escolta.

Cuando Fernando estaba convencido de que el atentado había sido una equivocación por parte de los sicarios, se encontró con una verdad aterradora.

Su padre era quien había ordenado la acción, con el fin de asustar a su esposa para que lo respetara. Resulta que Gilberto Rodríguez tenía 'chuzados' los teléfonos de la residencia de Fernando. Durante varias semanas el jefe del Cartel escuchaba que su nuera se refería a él en términos desobligantes por la forma en que trataba a su esposo. El hombre que condujo la moto el día del atentado le relató todo a Fernando. "La orden fue que matáramos al escolta y le hiciéramos tiros a la camioneta".

Al sicario lo mataron por otros problemas que tenía, pero aprovecharon la 'vuelta' que hizo para deshacerse de él.

* * * * *

Fernando ya sabía que su papá no iba a permitirle seguir como una persona independiente, por lo que aceleró todos sus negocios. Además que las cosas no estaban tan prósperas como en un principio.

Ya las comisiones que le pagaba su amigo Fernando Barrera no eran tan abultadas. Sus ganancias comenzaron a descender, pero no los gastos. Todavía no estaba mal económicamente, pero al ritmo que iba en menos de un año tocaría fondo.

No hubo que esperar ese tiempo, su padre se enteró de su independencia económica y de su opulencia, por lo que citó a una cumbre mafiosa, para tratar ese tema entre otros de vital importancia. Sería una de las últimas reuniones a las que asistirían porque ya la persecución de las autoridades colombianas, con apoyo total de la DEA, había empezado contra los Rodríguez

Orejuela y demás capos del Cartel de Cali, era el año de 1994. Después de tratar varios temas pertinentes al negocio de las drogas, Gilberto Rodríguez hizo una advertencia que todos la tomaron como una amenaza. "El que lleve a mi hijo Fernando en un kilo, regalado o apuntado, el que le pague comisiones por bajar dólares, el que le pague por negocios de finca raíz, el que se asocie con el para montar un negocio legal; para mejor decir, el que lo ayude lo considero un adversario. Y si alguno le debe dinero que se arregle conmigo".

Nadie se atribuyó la calidad de deudor.

Entre los presentes estaba Fernando Barrera, quien sintió que por su espalda lo acariciaba un terrible escalofrío.

Todos sabían que adversario para los jefes del Cartel de Cali equivalía a enemigo… y enemigo… a muerte.

Todas las puertas a Fernando Rodríguez Mondragón se le cerraron al instante. Nadie más le pasó al teléfono, ya no se encontraba con sus nuevos amigos o los empleados de éstos en los bares que solían frecuentar. Estaba sólo.

Un familiar de 'Chepe' Santacruz fue el único que se atrevió a contarle lo que dijo su padre en la reunión, previo juramento de no revelar su nombre. El soplo ni siquiera le permitió cobrar unas deudas que tenían con él.

Al verse acorralado se desesperó e hizo dos negocios que le reportaron grandes pérdidas. Ni siquiera esta situación adversa frenó su desordenada vida.

Confiaba en los activos que le quedaban y en un dinero que tenía guardado. Pero este último empezó a acabarse aceleradamente.

Hasta que un día de mayo de 1994, semanas después de la cumbre mafiosa, lo citó su tío Miguel a una reunión en Versalles, en un edificio de la Av. 6ª Norte con Calle 24, se mostró extrañado por el llamado ya que las autoridades estaban a la cacería de su tío y padre. A pesar de sus temores no dudó un instante en cumplir el emplazamiento, su tío había sido como el padre que nunca tuvo. La cita se acordó para las 4 de la tarde.

Cuando llegó al parqueadero del edificio donde se daría el encuentro, su asombro fue mayor porque coincidencialmente en ese momento de un Mazda coupé, estacionado cerca de su vehículo, se bajaba, sin ningún escolta, José 'Chepe' Santacruz Londoño, quien un año después fue capturado en un restaurante de Bogotá.

"Quiubo, Mompita", le dijo afectuosamente el narcotraficante. Subieron juntos hasta la oficina en donde los esperaba su tío.

Cuando lo hicieron seguir casi pierde el aliento, allí también estaba su padre esperándolo con una cara de muy pocos amigos, no se veían desde el año de 1990.

Gilberto Rodríguez ni siquiera le contestó el saludo.

Había solo cuatro sillones, se sentó en el único que estaba desocupado. A la derecha de su padre estaba su tío Miguel y a la izquierda 'Chepe'. Fernando quedó en todo el frente del jefe del Cartel de Cali.

"Ya esta familia tiene dos narcotraficantes, tu eres mi hijo aquí el narcotraficante soy yo, lo que tú tienes que hacer es estudiar. Dime ¿qué has hecho y qué problemas tienes? Así empezó la reunión Gilberto Rodríguez. Fernando notó que su papá no estaba en la tónica de pelearle, por lo que procedió a manifestarle respetuosamente que él no se había metido en negocios de narcotráfico, que sólo se había ganado una plata por unas comisiones.

También le dijo que hizo varios negocios en los que perdió mucho dinero, en uno de ellos quedó con una deuda de 60 millones de pesos, pero que él tenía unos carros y una casa, avaluada en 300 millones, suficientes para recoger la deuda y quedar con un capital importante para empezar un nuevo negocio.

Su papá levantó una mano, señal que indicaba que él tomaba la palabra y los demás tenían que callarse. Don Gilberto empezó a notificarle a su hijo las decisiones que había tomado, tal vez desde mucho antes de darse la reunión las tenía en mente.

"Hoy mismo se va con un perito que le voy a mandar para que avalúe la casa y yo se la compro; dígame a quién le debe esa plata para llamarlo y decirle que yo asumo esa deuda".

Fernando le dio el nombre del acreedor e iba a seguir hablando pero su padre lo interrumpió y continuó notificándolo.

"Te voy a entregar un negocio que ya está montado, se llama 'Newport Market', va a quedar a nombre tuyo. Te lo entrego con todo el inventario y con 100.000 dólares en artículos importados que llegan en los próximos días. Entonces la casa es mía y quedamos de amigos", concluyó el capo. Estas decisiones eran inapelables e incuestionables.

El jefe del Cartel de Cali se puso de pie y antes de retirase le recordó a Fernando todas las embarradas que le había hecho, empezó por una que le hizo a los 9 años. Al terminar se retiró, al poco tiempo lo hizo su tío Miguel.

Fernando se quedó más tiempo en compañía de 'Chepe' Santacruz quien lo empezó a aconsejar para que no se fuera a meter en negocios de narcotráfico. "Vea 'mompita', como nos tienen correteados, que ya nos buscan hasta debajo de las piedras, no se la vaya a embarrar más al viejo".

El nuevo negocio era un almacén que vendía las marcas más exclusivas de perfumería y cosmetología que Gilberto Rodríguez le había montado inicialmente a su novia Aura Rocío, quien terminó aburrida y se lo devolvió a su marido.

Fernando llegó al nuevo negocio y se encontró que no podía despedir a la secretaria ni al contador ni al auditor. Aparentemente sus subalternos tenían más poder que él. A los pocos días se dio cuenta que terminó siendo un empleado más de su papá. Quien le asignó un sueldo mensual de 2 millones de pesos y de cuatro a las mamás de sus hijos.

El almacén a criterio de Fernando era inviable ya que se pagaba un arriendo de 3 millones de pesos, cuando realmente costaba menos de la mitad. Aura Rocío se había puesto un sueldo de 5 millones y cada empleado de un millón. El negocio daba como el 30 por ciento de utilidad, cantidad que no alcanzaba para todos esos costos, a pesar que ya la novia del patrón no devengaba tal cantidad.

Ante este panorama y temeroso de fracasar ante la nueva oportunidad que le habían dado Fernando decide hablar con su tío

Miguel. Le manifiesta que ese almacén sólo produce 500.000 pesos mensuales y le aclara, con libros de contabilidad en mano, que cuando lo tenía Aura Rocío tenían un faltante de 15 millones mensuales.

Le reconoce a su tío que ese es un almacén propio para una mujer y no para él. Miguel Rodríguez acepta los reclamos de su sobrino y se compromete a hablar con su hermano para buscar una pronta salida a la solicitud de Fernando. "Hay un negocio como de hombre, es un almacén de rodamientos de un tipo que le debe a su papá, vamos a ver si se lo vende", le dijo el tío.

El nuevo negocio pintaba bueno, ya que era el único almacén grande de Cali que vendía este tipo de piezas, tenía por nombre Rodamientos URB, ubicado en la Cle. 15 con Cra. 8, diagonal al colegio Santa Librada.

La venta incluía un container de rodamientos importado desde Rumania por valor de 200 mil dólares, que se encontraba en la zona franca del puerto de Buenaventura. El 4 de marzo de 1995 se firma la promesa de compraventa, el negocio se cierra por 200 millones de pesos. Fernando Rodríguez va acompañado de Fernando Murcillo, quien va como garante en representación de los hermanos Rodríguez Orejuela.

Quien vendió el almacén de rodamientos era José Toledo, ciudadano panameño quien residía en Colombia con una cédula de extranjería. Después de ir a la notaría se van de francachela a celebrar acompañados de unas chicas, hasta las cuatro de la madrugada del día siguiente.

Dos días después del negocio, 6 de marzo, la Interpol captura a José Toledo, junto con su conductor y gerente del almacén de rodamientos. Entre los documentos que le encontraron a Toledo estaba la promesa de compraventa. Nadie le informó a Fernando de las capturas. A final de cuentas estas detenciones dañaron el negocio. Sintió que su papá nuevamente se había burlado de él. Después de reflexionar decidió no hacer ningún reclamo, más bien iba aceptar las nuevas circunstancias como muestra de que estaba cambiando. Al gerente de José Toledo lo vincularon a un proceso

Fernando Rodríguez Mondragón y Hugo Santelli, ex Presidente del Club River Plate y ex Ministro de Hacienda de Argentina.

Abelardo Loaiza en compañía de una agente infiltrada de la DEA en el Cartel de Cali y Fernando Rodríguez Mondragón.

**Norberto Peluffo y Ricardo Gareca, ex jugadores del América e
una fiesta de cumpleaños de Fernando Rodríguez Mondragó**

**Fernando Rodríguez Mondragón en compañía del plantel o
América y el cuerpo técnico y administrati**

Willington Ortiz, ex jugador insignia del balompié colombiano y ex Senador de la República con su esposa y el autor de este libro.

Pedro Sarmiento, técnico del Santa Fe, Falcioni, ex jugador del América y técnico en Argentina de los equipos Colón, Gimnasia, Banfield con Fernando Rodríguez Mondragón.

Ricardo Gareca y Fernando Rodríguez Mondragón.

El padre Uribe ex Rector de la Univ. San Buenaventura de Cali, acusado e el 2005 con detención domiciliaria por lavado de activos para la maf caleña, en la foto con Fernando Rodríguez Mondragó

Rafaela Rodríguez Orejuela y su ex esposo Alfonso Maquillón.

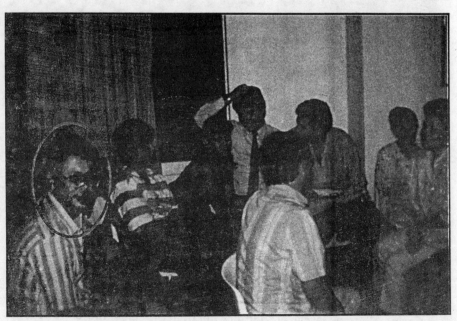

Guillermo Pallomari, ex contador del Cartel de Cali y luego su delator, en esta foto en compañía de miembros de la familia Rodríguez.

El círculo rojo señala a "Nico", ex jefe de Seguridad de William Rodríguez Abadía, muerto a tiros en el atentado a William.

Carlos Alberto García, el "hombre del maletín" en el fútbol por cuenta de los hermanos Rodríguez Orejuela.

Pepino Sangiovany con el Dr. Gabriel Ochoa Uribe en compañía de
Fernando Rodríguez Mondragón, segundo de derecha a izquierda.

Verónica Orozco, actriz que protagonizó la telenovela *Betty, la fea*, en
compañía de Fernando Rodríguez Mondragón el día que el Real
Cartagena ascendió a la primera división del fútbol colombiano.

Marcelo Cezán, primero a la izquierda, en la celebración del triunfo de
Real Cartagena con Fernando Rodríguez Mondragón

Dolly Buendía, primera a la izquierda, involucrada sentimentalmente c
el Mayor Velásquez, comandante del CTI en 1994, en compañía
Fernando Rodríguez Mondragó

por enriquecimiento ilícito. Después se supo que le habían sustraído, sin su conocimiento, la copia de la cédula que anexó con su hoja de vida cuando se presentó para el cargo. Con el documento abrieron, en su nombre dos CDT por 80 millones de pesos cada uno, en el Banco Cafetero. Otros dos empleados del almacén de rodamientos también fueron emplazados por la justicia colombiana.

Mientras todo esto sucedía, se supo que José Toledo era el mismo ciudadano de origen japonés llamado Julio Jo Cipriano, alias 'El Chino', quien residía en Colombia con cédula de extranjería. Jo se le había volado a las autoridades de Panamá que lo perseguían por narcotráfico.

'El Chino' también era buscado por las autoridades norteamericanas que lo responsabilizaban por el envío de más de 15 toneladas de cocaína. Este personaje fue el que estuvo en la cárcel La Picota con los hermanos Rodríguez Orejuela. Allí se convirtió en hombre de confianza y secretario de los jefes del Cartel de Cali. LA DEA lo convenció de convertirse en testigo contra los capos colombianos. Los Rodríguez, que no eran ningunos tontos, sabían que debían vigilar con más celo a todos los que conocían sus secretos. Así lo hicieron con 'El Chino', quien no daba muestras de estar 'torciéndose', pero Gilberto que era el más desconfiado comenzó a sospechar de su empleado.

Por cuestiones de horas 'El Chino' se salvó de ser asesinado en La Picota. Julio Jo Cipriano fue quien le reveló a la DEA todo el entramado tecnológico que montaron los Rodríguez Orejuela para seguir en contacto con sus distribuidores de drogas.

Tiempo después Jo era uno de los testigos estrellas de la Fiscalía norteamericana contra Gilberto y Miguel Rodríguez.

* * * * *

El 30 de mayo de 1995 Fernando se encontraba en el almacén Newport Market tratando de encontrar la manera de hacer más rentable el negocio cuando recibió una llamada de su tío Miguel.

"Mijo, váyase ya de ahí y escóndase donde pueda que yo más tarde lo llamo".

Fernando no se hizo repetir la advertencia, salió corriendo para el parqueadero. Se montó en su Mustang cinco litros, descapotable, de color rojo y partió en busca de Calle 10. Oyó el sonido de un helicóptero a lo lejos pero no le prestó atención. Su teléfono móvil sonó nuevamente, esta vez era Mateo el secretario de su tío, quien le pregunta por dónde va. Fernando le responde que por los lados del Hotel Aristi.

—Ese helicóptero que va encima de ti te va siguiendo —le dijo Mateo.

—¿Qué está pasando?

—Que te van a capturar, pues tienes una orden de captura güevón.

—Pero si yo no he hecho nada…

—Esconde ese carro, que todo el mundo lo conoce y el CTI también.

Fernando entra al parqueadero del Hotel Aristi, deja el carro y se va en un taxi hasta el barrio Colón a esconderse en casa de Beatriz Pizarro, una señora amiga, pariente cercana del líder del movimiento guerrillero M-19, asesinado en los años 90.

La Fiscalía había expedido una orden de captura contra Fernando Rodríguez Mondragón, amparados en la conocida Ley 30 o de estupefacientes. A raíz de la compraventa del almacén de rodamientos lo asociaron a los detenidos.

En el barrio Colón estuvo por tres días, hasta que lo pasaron a un mejor escondite, ubicado en el piso 11 de un cómodo edificio que se divisaba desde la piscina del Hotel Intercontinental.

Su tío le recomendó que no saliera hasta que se aclarara lo de su orden de captura y se responsabilizó por todos los gastos de él y su familia. Le puso un secretario para que estuviera atento a lo que quisiera. Era la primera vez que Fernando tenía que esconderse de las autoridades. Si bien su comportamiento no había sido ejemplar, nunca había transgredido el código penal, pensaba. Culpó a su padre por este problema ya que cómo era posible que lo hubiese enviado a realizar un negocio con un traficante de drogas.

"Tanto que jodió porque me ganaba una comisión en la compra y venta de propiedades que le hacía a sus amigos, ahora él me enreda con un mafioso", meditaba con mucha molestia Fernando.

Llegó a la conclusión que su padre en verdad no lo quería, lo ayudaba pero no lo prefería como al resto de sus hermanos.

A los siete días de estar en su nuevo escondite, en la mañana del 9 de junio de 1995, cinco helicópteros sobrevolaban a baja altura una parte de la ciudad. Desde la ventana del piso 11 se podían divisar claramente. Fernando se asustó. Lo que se le ocurrió fue poner las noticias. No decían nada.

De pronto le sonó un viejo teléfono móvil Motorola que le habían dejado, lo contestó y una voz le dijo: "Cogieron a tu papá". Quedó helado.

Entrada la tarde los noticieros de televisión lanzaron un extra que ratificó la captura. A su padre lo habían detenido en un apartamento de Cali, muy cerca de donde él estaba también escondido. No conocía al hombre de barba que estaban mostrando las imágenes, pero los periodistas sin temor a equívocos afirmaban que se trataba del jefe máximo del Cartel de Cali, Gilberto Rodríguez Orejuela. Fernando tenía más de un año que no lo veía, desde aquella reunión con su tío y 'Chepe' Santacruz.

Al no tener dudas de que la noticia era cierta dijo en voz alta: "El Cartel de Cali se derrumbó".

Esta nueva sentencia la repitió más convencido el 16 de agosto de 1995 cuando cayó en manos de las autoridades colombianas Miguel Ángel Rodríguez Orejuela. Por primera vez se sintió totalmente desamparado. Ahora no sabía a quien recurrir, ya que su tío era la única persona con la que había contado siempre.

En enero de 1996, luego de un largo trabajo por parte de sus abogados, a Fernando Rodríguez le levantaron su orden de captura. El 14 de febrero de 1996 la Fiscalía expidió la respectiva Resolución. Con este problema solucionado Fernando decidió irse del país con su esposa Cristina y sus hijos. La ciudad que escoge es Guayaquil, Ecuador. Cuando está haciendo los trámites le sale otra orden de captura, lo sindican de ser socio de Helmer 'Pacho' Herrera.

Fernando busca a William, más conocido como 'Tony', hermano de 'Pacho' Herrera, para que le solucionen este nuevo inconveniente. Le recomiendan que no se deje coger, mientras tratan de arreglar el asunto. A los pocos días lo desvinculan del proceso y le retiran la orden de detención. Sale a vender todas sus propiedades, incluida una bella casa en San Andrés Islas, y sus vehículos. Reúne con toda esa venta alrededor de 400.000 dólares.

* * * * * *

En Ecuador cuenta con el apoyo de Jenny, una prima de su esposa. Que lo ayuda a conseguir una lujosa residencia en el exclusivo sector de Entreríos. Se hace socio de una arquitecta y montan la empresa constructora Manice S. A. Comienzan a comprar lotes y construir casas, el negocio es muy próspero. Fernando se sentía muy feliz por lo bien que le iba en los negocios, se sentía más útil que nunca. No se le pasaba por la mente regresar a Cali, Colombia. En fin, todo iba de maravilla.

Hasta que llegó a la presidencia de Ecuador, Abdalá Bucaram.

En un abrir y cerrar de ojos el dólar se cayó, la economía del vecino país se vino a tierra y Fernando quebró. Perdió todo el dinero que trajo, sólo le quedaron unos lotes que se los pagaron muy por debajo a como los adquirió inicialmente.

Ante la mala situación económica decide regresarse a Colombia a mediados de 1998, con unos pocos pesos en el bolsillo que sólo le alcanzan para pagar un modesto arriendo. Allí se enteró que su tío y papá le habían autorizado para vivir 4 millones de pesos mensuales y de eso se sostenía la familia.

Otra vez le tocaba arrancar de cero y esta vez sin la ayuda de su tío. Con su regreso llegaron las viejas amistades y otra vez la rumba, el trago y uno que otro pase de coca. Nuevamente en el camino de la perdición.

* * * * *

Una noche Fernando estaba tomando en una tienda con un viejo amigo llamado Edgar, cuando llegó una hermosa mujer en tragos, junto a otras amigas y amigos, venían del concierto del merenguero 'Chichi' Peralta, en el Pascual Guerrero.

Se trataba de Luisa Fernanda, la hija de Édgar, el compañero de farra de Fernando. Éste la había conocido hacía muchos años atrás cuando era una niñita, ahora convertida en toda una mujer, ya que era madre soltera.

Fernando se vuelve un continuo visitante de Luisa Fernanda lo que ocasionó que el padre de aquella terminara de pelea con el nuevo pretendiente. La razón por la cual no aceptaba ninguna relación entre su hija y el otrora amigote era sencilla: conocía y había participado en muchas de las fuertes rumbas que organizó el hijo de Don Gilberto.

Se inició una relación sentimental que duraría muchos años pero que no tendría un final feliz.

La nueva pareja comienza a frecuentar los mejores sitios de rumba de la ciudad. Era normal verlos de la mano en el estadio Pascual Guerrero cuando el Deportivo Cali hacía de local.

Todos creían que era una novia más de Fernando y que no pasaría de otro affaire sentimental.

* * * * *

Para esta misma época su familia, los Rodríguez Mondragón, deciden montar en uno de sus locales la agencia de viajes 'Ace Tours', ubicada en la Avenida Vásquez Cobo. Entre los socios también estaban otros dos primos, William Rodríguez y Juan Carlos Rodríguez.

Cada uno aporta 10 millones de pesos para la nueva empresa. Los socios deciden depositar toda su confianza en Fernando para la gerencia. Lo hacen para darle una nueva oportunidad de resarcirse, ya que la había embarrado mucho. Además, que se encontraba sin hacer nada y se la pasaba en parrandas.

La agencia empieza con pie derecho, en menos de dos meses ya está en su punto de equilibrio. Los mejores clientes son los Rodríguez Orejuela.

Como Gilberto y Miguel estaban presos en La Picota era normal que todos los fines de semana partiera de Cali una delegación, integrada por familiares, amigos e invitados, hasta Bogotá para visitar a los detenidos. Era normal que la capacidad del Fokker de Avianca fuera copada con los pasajeros que expedía 'Ace Tours'; en especial el Día del Padre, Amor y Amistad, cumpleaños de los capos, Navidad y Año Nuevo.

Otro de sus mejores clientes eran los ejecutivos de Drogas La Rebaja. Las convenciones de sus empleados las manejaban por intermedio de la agencia de viajes. Lo mismo que los constantes viajes al exterior de los nietos de los detenidos jefes del Cartel de Cali y los constantes tours que hacían familiares a San Andrés Islas, Cartagena o Santa Marta. Muchos directivos del club América de Cali también sacaban los tiquetes por esta agencia, ya que por lo general los pasajes que le asignaba la Dimayor no alcanzaban para todos los miembros de la junta del equipo.

· En fin el negocio era muy próspero en lo que a ventas se refiere.

Pero había un problema, los socios eran seis, pero sólo tres habían hecho los aportes de los 10 millones. Con los tiquetes nacionales (Avianca y Aerorepública) se trabajaba a 15 días de crédito, lo que obligaba a tener un buen flujo de caja, que no existía ya que la mayoría de las ventas las hacían a 30 días de crédito y muchos se atrasaban más del tiempo establecido. La solución para no atrasarse en los pagos de los tiquetes de las aerolíneas nacionales estaba en que los demás socios hicieran su respectivo aporte.

Los tiquetes internacionales que sacaban los familiares eran a crédito, pero la agencia debía cancelarlos de contado, con lo cual se atrasaban en otros pagos. Comenzaron los incumplimientos.

Cuando Fernando estaba en apuros iba a donde los socios a cobrarles las facturas y los aportes. Le pagaban en efectivo, pero no consignaba el dinero si no que le pagaba directamente a las aerolíneas.

Todo este desorden trajo un caos financiero que lo llevó a la quiebra… pero esto no fue lo peor. Mauricio era un escolta de Gilberto Rodríguez Orejuela que se la pasaba en 'Ace Tours' coqueteándole a una de las vendedoras de la agencia de viajes. Con el pasar del tiempo también llegó a ser muy amigo de Fernando.

Este nuevo personaje en la vida de Fernando tenía un próspero oficio delictivo que consistía en clonar tarjetas de crédito. Mauricio venía trabajando desde hacía un tiempo, con la vendedora que enamoraba de la agencia en esta forma de estafa, iban en un porcentaje 60/40.

Al poco tiempo Fernando descubre la irregularidad, pero no la denuncia, más bien se empapa de cómo es el negocio y ve en el una forma de recuperarse financieramente, por lo que da su complacencia para que se continúe con la estafa. Pero esta no se debe seguir realizando en su agencia sino en otra, en Star Tours, que era la que le vendía los tiquetes internacionales.

La agencia de viajes Star Tours enviaba los comprobantes de tarjetas de crédito con el sello de su empresa a Ace Tours. En ésta, Mauricio, colocaba los datos de la tarjeta clonada. Luego se pedía a la empresa bancaria la autorización, que daba la clave de la transacción y la aprobación. De inmediato se procedía a retirar el comprobante amarillo, que corresponde al cliente, y enviaban el resto a Star Tours.

Todo iba muy bien hasta que un día olvidaron retirar el comprobante amarillo y lo enviaron a Star Tours. El gerente de esta agencia le pareció extraño que no llevara los datos de la tarjeta de crédito, por lo que empezó a sospechar.

Fue hasta la agencia Ace Tours y le pidió al gerente que le entregara toda la información de los que pagaron con tarjeta de crédito. Fernando se niega alegando que los clientes ya habían pasado por la agencia y habían cancelado.

El gerente de Star Tours decide visitar a la tía de Fernando, Haydee Rodríguez, para ponerla al tanto de toda la situación. De inmediato se convoca a una reunión de todos los socios de Ace Tours para que escuchen al afectado y se tomen las medidas correctivas. Los socios después de escuchar el problema llaman a Fernando para que dé las explicaciones sobre lo acontecido.

Les narra que Mauricio fue quien propuso el negocio y que él aceptó. Después llaman a Mauricio para que también explique su participación, pero este declaró que fue Fernando el que consiguió las plaquetas para la estafa. Los hermanos de Fernando decidieron creerle al conductor de Gilberto Rodríguez. Por lo que deciden quitarle el respaldo y liquidar la agencia de viajes. Al realizar el arqueo se habló de un desfalco de 100 millones de pesos. Fernando se defendió alegando que eso se debía a deudas porque la mitad de los socios no entregó los aportes. Muchos afirmaron que sí le entregaron los dineros, pero nadie aportó un documento que así lo demostrara.

Los Rodríguez Orejuela habían aprobado un aporte mensual de 4 millones de pesos para los familiares de Fernando, que consignaban los primeros días de cada mes en su cuenta de ahorros. Pero ante las quejas de sus demás hermanos por lo acontecido en la agencia de viajes y por la vida licenciosa que llevaba dejaron de consignarle a él.

Todos decidieron darle la espalda. Ni siquiera podía contar con su esposa Cristina, porque su matrimonio se había acabado desde que empezó a salir con su nueva novia, Luisa Fernanda.

* * * * *

El odio y rechazo que había de parte del padre de Luisa Fernanda hacia él no fue motivo para acabar con la relación.

A Édgar, el padre de Luisa Fernanda, lo afectó tanto el noviazgo de su hija con Fernando que enfermó, al poco tiempo tuvo un infarto que lo mató. Muchos se atrevieron a decir que fue su hija quien le ocasionó la muerte.

Para esos días a la nueva novia de Fernando se le presenta la oportunidad de ser trasladada para Bogotá a desempeñar un alto cargo ejecutivo en la multinacional donde laboraba. Su novio la convence de que el traslado es lo mejor para la relación. Ella acepta y se va inicialmente solo, sin su hija, que estaba en el colegio, la deja con sus abuelos maternos. En Bogotá su empresa la aloja en el Hotel Rosales Plaza, con todos los gastos pagos, durante 15 días, mientras encuentra apartamento. Fernando la acompaña todo este tiempo.

Consiguen un apartamento en la Calle 101 con Cra. 13, muy cerca de la nueva sede de trabajo de Luisa Fernanda, en la Calle 100 con Cra. 7.

Durante 6 meses Fernando iba y venía a Bogotá. Aunque seguía viviendo en Cali con su esposa Cristina, ya no existía entre ellos una buena relación. Por lo que pasó lo que se veía venir.

Una noche en su residencia en Cali recibió una llamada a su celular que contestó su esposa Cristina, al colgar lo echó de la casa. Fernando se mudó entonces de un todo para Bogotá con Luisa Fernanda.

* * * * *

En noviembre de 2001 Fernando llega a Bogotá a vivir de un todo con su novia. Llega con un pequeño capital para trabajar que consiguió con unas comisiones por la compraventa de unos inmuebles y de dos casas de su propiedad que vendió.

En Bogotá se conoce con un mayor retirado de la Fuerza Aérea Colombiana de apellido Rodríguez. Con él funda una compraventa de carros llamada Vehimotora de los Andes, en la Cra. 30 con Calle 49A, al frente del Agustín Codazzi.

Para ese entonces, 2002, el distribuidor de la Piaggio para Colombia era muy amigo de Fernando. Este distribuidor traía unos motocarros, muy usados en Bogotá para el traslado de pequeñas mercancías.

Fernando le pidió que le diera la distribución para Bogotá, le colocaron como condición que debía vender 10 motocarros mensuales

Aceptó y montó un taller para fabricar las carcasas que se ensamblan en los vehículos. Ofrecían tres tipos de carrocerías: En fibra de vidrio, en aluminio y de estacas. Esto le permitió conseguir el contrato para la venta y mantenimiento de 100 motocarros para la empresa Fritoley.

Nuevamente todo le empezaba a ir bien a Fernando.

Para esta época fue que tuvo la oportunidad de conocer, por intermedio de actriz de televisión Carolina Lizarazo, a Astrid Betancur, la hermana de Ingrid Betancur.

Astrid trabajó para varios capos de las drogas de Cali y del Norte del Valle. Su negocio consistía en abril cuentas en el extranjero, especialmente en Luxemburgo. Al saber que Fernando era hijo de Don Gilberto y que le estaba yendo muy bien le ofreció sus servicios. Fernando no aceptó, ya que estaba dedicado a sus nuevos negocios y no quería meterse más en problemas. En la compraventa de carros abrió dos frentes de trabajo, uno fue la venta de taxis y el otro consistió en recibir carros en consignación.

Su socio, el mayor Rodríguez, empezó a tener quebrantos de salud, un delicado problema de columna empezó a limitar sus desplazamientos. Por lo que decidió, en marzo de 2002, vender su parte a Fernando, quien de inmediato se la compró. En un momento dado el fuerte del nuevo negocio de Fernando no era la compra venta de carros si no el contrato de los motocarros con Fritolay. Vehimotora de los Andes llegó a tener en un momento 12 vendedores, que trabajaban por una comisión del 4 por ciento, sin derecho a salario fijo.

Le iba tan bien a Fernando en la compraventa de los carros que le permitió cambiar de apartamento, se pasó a otro más cómodo en la Calle 102 con Cra. 9, en el costado occidental de la carrilera. También negoció con una empresa constructora un lote en las afueras de Bogotá, Rincón de Usaquén, por 47 millones de pesos, en donde se construiría un complejo de casas campestres. Entre sus planes estaba mudarse para esta casa a mediados de 2003 con Luisa Fernanda y la hija de ésta. Con el fin de decorar la futura residencia acordaron abrir una cuenta común para consignar allí todos los meses.

El mercado de los carros usados se disparó y con ello aumentaron aún más sus ingresos.

Una vez le llevaron un campero que recibió a buen precio, en este caso bien barato. Los carros los entregaban muchas veces con el traspaso en blanco, por lo cual el responsable de la compraventa los conserva así hasta que aparezca un nuevo comprador y se tramita a favor de éste.

El recién adquirido campero estaba exhibido en Vehimotora de los Andes. Un día se presentó un joven acompañado de varias personas y pidió hablar con el dueño. Fernando lo recibió en su oficina. El visitante se identificó simplemente como Santiago. Quien pasó de inmediato a explicarle el motivo de la visita.

"Yo soy el comandante de las Autodefensas en Bogotá, somos del Bloque Capital, de Don Miguel Arroyave. Queremos que nos entregue ese campero que tiene exhibido porque es de nosotros", dijo Santiago con jactancia. "Yo soy Fernando Rodríguez Mondragón, el hijo mayor de Gilberto Rodríguez Orejuela. Ese carro lo compré con todos los papeles en regla, si usted quiere que se lo devuelva págueme lo que cancelé por él y se lo lleva enseguida".

Santiago se quedó un momento pensativo, miró a sus compañeros y les pidió que los esperaran afuera. La orden no se hizo repetir.

El paramilitar le explicó a Fernando que muchas personas de Bogotá pagaban sus contribuciones a las Autodefensas con bienes raíces o con vehículos. Le dijo que un colaborador había pagado su cuota con el campero, pero que un subalterno se lo robó y lo vendió en su compraventa.

Fernando iba a hablar pero su interlocutor continuó. "Dejemos eso así, más bien le propongo el siguiente negocio. Usted me compra o me recibe en consignación todos los carros que nos entreguen, se los doy a buen precio, además se los traigo con todos los papeles en regla ya notarizados y los traspasos en blanco". El propietario de Vehimotora de los Andes no dudó un instante para aceptar el negocio. No veía ningún problema siempre y cuando todos los documentos de los vehículos fueran legales. El visitante le hizo saber a Fernando, antes de retirarse, que su *chapa* (nombre ficticio que utilizan los delincuentes para ocultar su verdadero nombre y apellido; el término es tomado de las autoridades, ya que estos por lo general se identifican con una placa oficial que llaman comúnmente chapa) además de la de 'Santiago' era la de 'El Paisa'.

Así empezó Fernando una nueva relación de negocios con un oscuro personaje. Así le había pasado siempre, empezaba bien y de un momento a otro todo terminaba mal. Esta vez el final sería un verdadero desastre.

Todas las semanas los hombres de 'El Paisa' se presentaban con un carro para la venta, Fernando se los compraba a bajo precio y lo vendía a uno superior. Hasta que un día se presentó un señor todo molesto. Aseguró que el vehículo que estaban exhibiendo era de su propiedad. Fernando subió hasta su oficina y trajo varios documentos, entre los que estaba el traspaso firmado.

La persona que hacía el reclamo reconoció que era su firma, se aclaró la situación. Fernando le pidió que se retirara de la compraventa y que fuera a la Policía, ya que él sólo recibía los carros cuando le traían los papeles en regla, incluida la tarjeta de propiedad. Ante este percance Fernando decide no recibir ni un carro más de los miembros del Bloque Capital. En ese momento jamás se imaginó que por primera vez estaba tomando la decisión más sensata y responsable de su vida.

Pero horas después, luego de los ruegos de 'Santiago', Fernando reversó su decisión con una condición. Que en adelante él mismo iría con los propietarios de los carros a autenticar las firmas a la Notaría. El paramilitar no objetó la petición y continuó la relación comercial.

El contrato con Fritolay por el suministro de los 100 motocarros se cumplió a cabalidad. La venta de taxis seguía en alza y el negocio de los usados estaba en plena bonanza.

El principio del fin para Fernando, en esta nueva etapa de su vida se inicia, cuando un señor llega hasta su oficina con la intención de que le entreguen un vehículo a nombre de 'Santiago'.

El paramilitar llama a Fernando y le pide que por favor entregue el carro, que él se compromete a cancelarlo apenas llegue a Bogotá. Fernando ante la inusual solicitud accede, era la primera vez que le pedían un favor así. No vio ningún inconveniente. Pasaron los días y nada que le pagaban. Por lo que decide llamar a 'Santiago' a cobrarle. Éste le manifiesta que el tipo que fue a buscar el carro se había volado, pero que ya lo habían capturado. Que estaban viendo a ver qué tenía para pagarle. Fernando no lo dejó terminar.

–Vea hermano mi negocio es vender carros y no fiarlos, usted me está perjudicando, me va a tocar hablar con sus jefes para que me paguen entonces.

–Tranquilo Fernando, vea que hay una pronta solución, el tipo dice que tiene kilo y medio de *champaña* (en el mundo de los traficantes de drogas champaña es heroína). El carro costó 20 millones de pesos y el kilo y medio está en el mercado a 21 millones, acéptelo.

"Yo no quiero problemas, le reitero que mi negocio no es cambiar carros por drogas. Usted me mandó a ese tipo y usted me responde, si quiere recibir eso, recíbalo, pero a mí me trae mi plata", y colgó.

'El Paisa' decidió recibir el kilo y medio de heroína, corría el mes de mayo de 2002. Fernando suspendió los negocios de compraventa de carros con la gente del Bloque Capital. Pasaron los meses de junio, julio, agosto, septiembre y octubre, sin que le cancelaran la deuda. Para finales de octubre de 2002 emplazó a 'Santiago' para que le cancelara en dinero o para que le entregara el kilo y medio de heroína. Esto último fue lo que hicieron. Fernando la guardó en la bodega del parqueadero de su apartamento.

Días después de se dedicó a localizar en Bogotá a un viejo amigo de Cali, Richard Dickson Figueroa. Logró dar con él a mediados de noviembre de 2002. Dickson era el hijo de un oficial retirado del Ejército, que se dedicaba a los oficios varios. Era considerado un pillo de poca monta que se le medía a todo negocio.

Fernando le propuso que saliera a ofrecer en el mercado el kilo y medio de heroína. Le dijo que no pidiera más de 20 millones de pesos, ya que ese era el precio real en la calle. Dickson lo primero que hizo fue presentarse al 'Sanandresito' de San José, de Bogotá, a ofrecer la heroína como si estuviera vendiendo chontaduros en Cali. Se la pasó en esta labor varios días.

Los servicios de inteligencia del Estado tienen apostados en estas zonas comerciales a varios agentes que trabajan de encubierta, por ser estas áreas las más usadas para lavado de dólares del narcotráfico. También tienen allí a su servicio a muchos soplones, que entregan información a cambio de que los dejen 'coronar' otros negocios.

El viernes 22 de noviembre de 2002, Richard Dickson llegó bien temprano al 'Sanandresito', le habían avisado que un señor estaba interesado en su 'mercancía'. No habían pasado dos horas cuando un sujeto se le presentó y le manifestó estar interesado en el kilo y medio de heroína. Dickson entró de inmediato a negociar y le pidió al comprador 25 millones por la droga, cinco más de lo que le recomendó Fernando. El interesado se alejó unos pasos, tomó su celular e hizo una llamada. No duró un minuto, regresó y le dijo que se la iba a pagar a ese valor, pero debía primero probarla y pesarla. Dickson pensó que iba a ser más difícil vender la 'champaña'. Ahora Fernando debía de darle los 5 millones de pesos, que había pedido de más. El comprador le dijo que debía salir a buscar esa cantidad de dinero, para realizar el negocio esa misma tarde, ya que tenían una 'mula' lista para salir por el aeropuerto El Dorado, en los próximos días. Acordaron encontrarse a las cuatro de la tarde en un restaurante del 'Sanandresito'.

Fernando ya se estaba alistando para salir de su oficina e irse a un bar del Parque de la 93, de Bogotá, a encontrarse con unos amigos, con el fin de esperar a su novia Luisa Fernanda para irse a cenar y luego a rumbear, cuando sonó su celular.

Quien lo llamaba era Richard Dickson todo emocionado, informándole que ya tenía un comprador para la 'champaña'.

—¿Usted conoce al comprador?

—Sí, es de mi confianza, me lo recomendó un amigo que estudió conmigo y que tiene un negocio en el 'sanandresito' de San José.

—¿Ya usted vio la plata? ¿Ya la contó?

—Claro que sí…

—Entonces véngase ya para mi apartamento.

Con esta invitación Fernando acababa de sellar su suerte y cometer el error más grande de su vida. Todo iba camino a su destrucción.

A las 5 de la tarde Fernando los espera dentro de su carro dos cuadras después de su apartamento, en la 104 con Cra. 9, al frente de la panadería Pan Pa Ya. Dickson llega en una Toyota cuatro puertas de color café, acompañado de dos sujetos. Se baja y se acerca a la ventanilla del conductor.

–Usted no me dijo que venía acompañado, ¿Por qué tanta gente?

–El que va manejando es el chofer y el señor de atrás es el comprador. No hay problema de nada, ya mi hermano está al frente de su apartamento esperándonos.

Fernando acepta la recomendación de su amigo y les dice que los espera en el parqueadero de su apartamento. Dickson se regresa a la Toyota, se monta y les indica que deben tomar un retorno que hay más la norte de la Cra. 9ª, para ir hasta la Calle 100 con Cra. 15 y regresarse nuevamente por la 9ª para llegar al apartamento de Fernando que está en la Calle 102. Mientras esto pasa Fernando le solicita al portero que le abra el garaje y le informa que dentro de un momento va a llegar una Toyota café para que los deje pasar. El administrador del edificio se encuentra en el garaje y se queda hablando con Fernando. A los minutos llega la Toyota, que se parquea a la entrada del parqueadero. Dickson baja el vidrio y Fernando le dice: "Cuadren el carro al fondo. Vea hermano usted sabe donde esta eso en el cuarto de San Alejo y muéstrele". Fernando se queda en la puerta del garaje y sigue hablando con el administrador. Desde su posición ve a su amigo hablando con los compradores. Se despide de su interlocutor y se dirige al fondo del parqueadero. El comprador luego de probar la heroína y pesarla acepta el precio, 25 millones de pesos. Fernando se sorprende que hayan aceptado pagar 5 millones más por una droga que vale en el mercado entre 20 y 21 millones de pesos. Se quedó callado y preocupado.

Lo que lo puso nervioso fue cuando escuchó al comprador decir que no había traído el dinero.

–Vos Richard, ¿no dizque habías contado la plata…? ¿Qué es esto hermano?

El comprador se metió y dijo: –Yo tengo un amigo aquí cerca con la plata. Voy a llamarlo por celular para que se venga enseguida.

De inmediato marcó a un número y le ordenó a alguien que trajera el dinero de inmediato a la Calle 102 con Cra. 9ª. Y cortó.

Esta fue la señal. En un abrir y cerrar de ojos Fernando Rodríguez Mondragón y Richard Dickson Figueroa estaban encañonados.

–¡Tírense contra el piso, boca abajo! Rápido, rápido, ordenó uno de los compradores.

Los sorprendidos vendedores obedecieron al instante.

Uno de los hombres armados gritó hacia la entrada del parqueadero, por donde venían varias personas corriendo.

- ¡Capturen al que está esperándolos afuera!, ¡corran!, ¡corran!

Rápidamente tres corrieron hacia la calle, pero ya el otro acompañante de los detenidos había cruzado a toda prisa la transitada Avenida Novena, a la altura de la Calle 103.

–Se nos voló, mi Sargento –dijo a su regreso uno de los que salió a perseguirlo.

En total eran nueve agentes encubiertos que actuaron. Sacaron sus placas y se identificaron como miembros de la Dijín. Fue en este momento que Fernando sintió que todo se le derrumbaba.

V. CÁRCEL:
REFLEXIÓN, RESIGNACIÓN Y ARREPENTIMIENTO

Fernando Rodríguez sabía que estaba en serios problemas. Nuevamente se empezaba a cuestionar en el sentido de preguntarse en qué momento se había metido en semejante lío. Cómo era posible que se hubiese enredado de esa manera por una deuda de 20 millones de pesos.

Por primera vez sentía que estaba haciendo bien las cosas, pero de un momento a otro estaba metido en la grande. El hijo mayor de Gilberto Rodríguez Orejuela con un kilo y medio de heroína, se lo preguntaba infinidades de veces y no se lo creía, pero la realidad era cierta y cruda.

Empezó la etapa del hubiera. Si no hubiera aceptado esa forma de pago. Si hubiera hablado con los jefes de los 'paras', si le hubiese entregado ese kilo y medio a Richard por mitad de precio, si no hubiera guardado ese kilo y medio en mi apartamento, si no hubiera hecho negocios con los paramilitares del Bloque Capital, si hubiera dejado perder esos 20 millones de pesos. Pero el *si hubiera* no existe.

Su familia no le puso ni siquiera un abogado. El mensaje del jefe del Cartel de Cali, Gilberto Rodríguez, que se encontraba en libertad, había sido claro y lapidario: "Déjenlo que se hunda solo".

Ante la primera declaración en la Fiscalía, Fernando Rodríguez dijo que ese kilo y medio de heroína era de él. "Mi familia no tiene nada que ver con esto, yo soy el responsable de todo, me declaro culpable y me acojo a sentencia anticipada". Esto mismo dijo ante el Juez 53 del Circuito. Por su parte Richard Dickson Figueroa se declaró inocente y relató todo lo que aconteció la noche de su captura. Ante estas contradicciones en las declaraciones, uno se declaraba culpable y él otro inocente, el Juez decide llamar nuevamente a Fernando para indagarlo sobre lo relatado por su compañero.

Fernando, mirando fijamente al Juez le dijo: "Su señoría me da mucha pena, pero ese señor tiene 32 años de edad. Lo que él haga o deje de hacer es cuestión de él. Yo ya le dije lo que tenía que decir". Y no pronunció una palabra más.

A final de cuentas un Juez lo condena a 11 años de cárcel. El delito que cometió estaba sancionado con pena que iba de los 8 a los 20 años. Como él no tenía antecedentes penales no deberían condenarlo a tanto.

Su pena finalmente quedó en 7 años y 8 meses por que se había acogido a sentencia anticipada.

El Juez de penas en la providencia donde tasa el tiempo de reclusión comete una de las aberraciones más grandes que se hayan conocido en materia penal. Aduce que arranca con el cuarto máximo de la pena –el más alto- "por los antecedentes familiares". Aquí se estableció que la responsabilidad penal es consanguínea.

Dice el Código Penitenciario Colombiano que las cárceles de Máxima Seguridad son para los delincuentes de alta peligrosidad y para los que son condenados a penas superiores a 15 años. Fernando, a pesar de ser condenado a 7 años fue enviado a Cómbita por solicitud expresa de la Presidencia de la República.

Pareciera que el hijo mayor de Gilberto Rodríguez estuviera empezando a pagar todas sus fechorías, con estas decisiones judiciales y penitenciarias. Pero fueron las medidas extremas de la prisión de Cómbita las que llevaron a Fernando a reflexionar y tratar de recomponer su vida.

En la cárcel todo se pierde. Primero se desaparecen los amigos, por último la familia, aunque muchas veces ésta se pierde desde la llegada a prisión.

A pesar del dolor que sentía Luisa Fernanda iba a visitarlo todos los meses a Cómbita. También lo iba a ver en la cárcel de Calarcá, a donde fue trasladado en marzo de 2004. En agosto del mismo año lo pasaron a La Dorada. A ésta última su novia sólo fue una vez y allí acabó todo.

No hay nada más trágico para un interno no tener quien lo visite. Se encontraba sólo. Le donaba a su compañero de celda el cupo de visita al que tenía derecho para que aquel estuviera más tiempo con la familia.

Fue así que se ganó el cariño de esta desconocida familia, que terminó brindándole amistad y cariño.

Fernando no olvidaba que hacía un tiempo, la memoria de sus dos celulares no alcanzaba para guardar todos los nombres y teléfonos de sus amigos. En todo el tiempo que estuvo detenido sólo dos fueron a visitarlo.

En sus buenos momentos hubo gente que hasta pagó para conocerlo. Luego del choque de manos venían las farras. Todas esas personas desaparecieron después de su caída. Pero tiempo después de añorar ver a amigos y familiares, le llegó la etapa del por qué. Por qué nunca tuvo una buena relación con su padre. Quién tuvo la culpa. Y siempre llegaba a las mismas conclusiones. Él quería ser como su padre, demostrarle que había heredado su sagacidad y malicia. Pero en vez de acercarlos los alejó.

Sus pensamientos se iban en todo momento a su época de niñez. Pero siempre se encontraba que las palabras nunca y jamás, eran las que habían marcado por siempre su vida.

Yo nunca tuve un papá de planta, porque siempre estaba viajando. Cuando llegaba, lo hacía siempre de mal genio y cansado, uno esperaba que lo abrazara y le entregara regalos por el viaje, pero lo que nos daba era encierro en el cuarto, viendo televisión, y con la prohibición de no hacer ningún ruido, para no despertarlo. No me llevó nunca a una ciudad de hierro, a cine o Centro Comercial; jamás vimos televisión juntos. Casi nunca se sentaba a la mesa en casa con nosotros. Mientras él estuviera durmiendo no podíamos salir de nuestra habitación, menos cuando estaba enguayabado. Jamás jugamos con él en la cama. Nunca podíamos ponernos una camiseta o camisa de él. Nunca se podía encender su televisor o betamax. Jamás el tema del sexo, lo que hizo fue mandarnos, a mi hermano Jaime y a mí, con un amigo de él, Julio César Rojas, a una casa de citas en Buenaventura. Al colegio jamás fue a una reunión de padres de familia, sólo iba cuando tenía problemas. No fuimos nunca a misa. Era un papá a control remoto. Se iba por uno o dos meses, cuando regresaba en vez de abrazarme lo que primero quería saber era todas las quejas que había en mi contra para enseguida castigarme. Yo crecí sin padre y con una madre que siempre contaba lo malo de mí. Mi padre nunca tenía tiempo para sus hijos, jamás llegué a estar a solas con él más de media hora, pero siempre tenía tiempo para sus brutales castigos. Una vez mi mamá le reclamó el por qué salía con una ropa y llegaba con otra. Le respondió que él tenía otra mujer y que se tenía que aguantar eso. Como mi mamá no tenía definida su situación económica le tocó aguantarse el 'varillazo'. Daba todo para la casa en lo que tenía que ver con dinero, pero nada de lo que uno necesita cuando es niño.

Mi padre, en su omnipotencia, nunca creyó que un hijo le fuese a salir igual o mejor bandido que él. Por eso cada vez que me hacía sentir menos que los demás, me esforzaba para demostrarle que era más malo que él. Pero yo nunca hice lo que él le hizo a su padre, a mi abuelo Carlos Rodríguez Rendón. Lo echó de su casa y cuando enfermó ni siquiera fue a la clínica de Los Remedios a verlo. Tampoco fue al entierro ni al cementerio a colocarle unas flores. En 43 años nunca ayudó a su padre. Es increíble que el hombre más rico de Sur América no le diera un peso a su papá, que vivía de pintar casas.

De todas maneras yo también la embarré y voy a pagar con cárcel mi mal comportamiento, a lo mejor tendré una nueva oportunidad. Al menos ya no tomo trago ni consumo cocaína, eso es un buen comienzo.

En la cárcel uno aprende a desprenderse de todo lo que está por fuera del cuerpo. Pasan los años y uno se acostumbra a no ver nunca un reloj, a no tomarse una Cocacola, a no comer pizza, a no saborear un helado. En fin, termina uno por conocer *que se puede vivir sin todos esos deseos. Lo que verdaderamente vale es lo que se tiene por dentro, así se tenga encima un uniforme de prisión.*

Todos los días estos pensamientos de Fernando iban acompañados de nuevos recuerdos sobre su pasado. Para no pensar tanto se dedicó a la lectura. Decenas de escritores pasaron por sus manos, jamás leyó libros de auto superación, porque estaba seguro que el mejor ejemplo en esa rama era él mismo.

Pero en Cómbita no todo era tranquilidad, ya que tenía una deuda pendiente con un recluso identificado con el T. D. 007: Jhon Mario Velásquez Vásquez, más conocido como 'Popeye', sicario del extinto jefe del Cartel de Medellín, Pablo Emilio Escobar Gaviria.

A Fernando se le hacía increíble que su tío Miguel tuviese tanta amistad con 'Popeye', que estuvo a punto de matarlos a todos, cuando la guerra de los carteles.

'Popeye' llegó a convertirse en empleado, la palabra en prisión es ' el carro', de muchos duros de la cárcel. En La Modelo lo fue de Miguel Arroyave y de Ángel Gaitán. Éste último le pagó un implante en las nalgas para que se le vieran mejor. Fueron famosos los desfiles que hacía 'Popeye', vestido de mujer, luciendo su nuevo trasero, en el cuarto piso del pabellón de Alta Seguridad de La Modelo. "'Popeye' jamás fue el lugarteniente que afirmó ser de Pablo Escobar, todos sabíamos que era un 'lavaperros' más del 'Patrón', sólo servía para ir a buscarle las mocitas a Pablo", aseguró a Fernando, otro sicario de Escobar, apodado 'El Ñangas'.

"Usted cree que ese *man*, que ni siquiera sabe escribir ni leer bien, iba a llevar un diario de todo lo que hacía Escobar, dizque para luego sacar un libro. Todos aquí sabemos que eso fue un 'mandado' lo que hizo".

El hijo de Gilberto Rodríguez siempre mantuvo la distancia, dejando en claro con su comportamiento y modales, que así estuvieran en la misma prisión, él no tenía la misma calaña de delincuente que la de 'Popeye'.

Dicen que la verdadera historia de este país reposa en los polvorientos expedientes, que reposan en los viejos anaqueles de los juzgados penales. Lo mismo se dice de ciertos pabellones o patios de las cárceles de Colombia. Donde se escuchan las historias más verídicas del crimen, ya que son contadas por los testigos presentes al momento de planearse o ejecutarse la fechoría.

Aunque se diga que la cárcel de Cómbita es una con las más rigurosas medidas de seguridad, no la excluye del denominador común de las prisiones en Colombia, que hay presos que mandan al interior de sus patios o pabellones.

En Cómbita no se permite el uso de dinero, para evitar precisamente el 'cacicazgo' que se da en las prisiones comunes, pero todos saben que aquí, en cada uno de los ocho pabellones, existe lo que llaman una 'pluma'. Que en términos reales es lo mismo que un cacique.

Para la época en que Fernando Rodríguez estuvo allí, en el pabellón uno, en donde están los reclusos con bajas condenas y a punto de quedar en libertad, la 'pluma' era Miguel Rodríguez Orejuela. Éste se encontraba aquí porque estaba a punto de recobrar su libertad. Hecho que no sucedió.

En el pabellón dos y cuatro estaban los internos que eran miembros de la Autodefensas Unidas de Colombia. El 'pluma' del dos, era alias '400'. El del cuatro es todavía hoy en día, Emiro Pereira, ex concuñado de Carlos Castaño.

El pabellón tres y cinco es de los guerrilleros de las Farc. El 'pluma' del tres era Jairo Encizo; y el del cinco era alias 'Robinson' y 'Talambuco'.

En el sexto están los extraditables. Allí no hay un 'pluma', todos lo son.

En el siete, que corresponde a los sindicados, hay tres plumas: 'Petete', en representación de los internos 'sociales'; 'El Quemao', lo hace por los paramilitares; y 'Olimpo Cárdenas', por las Farc. En el ocho es donde están los de la tercera edad, los que son aislados y los encargados del 'rancho' (cocina, y a los cocineros les dicen 'rancheros'). Gilberto Rodríguez adoptó a los de este sector, por lo cual se convirtió en su 'pluma'. Los viejitos de este pabellón acostumbraban a hacer mucha bulla y no dejaban dormir. Su nuevo adoptante les mandó una razón: "Dígales que si no se callan no hay para más cigarrillos ni tarjetas para llamadas". Jamás se volvió a escuchar, siquiera, un ronquido.

El interno alias 'Robinson' de las Farc estaba antes en el pabellón de Máxima Seguridad de La Modelo. En uno de los pisos se encontraba Ángel Gaitán, este era un sujeto que se hizo famoso en la guerra de los esmeralderos en los años 80. Manejó una oficina de cobro de Víctor Carranza y se salvó de un atentado que le hicieron varios sicarios del narcotraficante Gonzalo Rodríguez Gacha.

Gaitán se había convertido en objetivo militar, tanto de la guerrilla como de otros detenidos. Fue quien pagó por el asesinato, dentro de La Modelo, del narco Jattin Pinto. Lo mataron con un fusil, mientras esperaba que le abrieran la puerta para entrar al pabellón de Máxima Seguridad.

El encargado de meter el fusil en la prisión fue un trabajador del jefe paramilitar Carlos Castaño, para que asesinaran a Yesid Arteta, pero Gaitán lo usó para matar a un 'colega'.

Ángel Gaitán fue detenido junto a Jaime Lara Arjona, ex empleado de los Rodríguez Orejuela.

'Robinson' al enterarse que querían matar al ex cobrador se consiguió una pistola y se ofreció para realizar la 'vuelta'. Llegó hasta el piso 4, en donde estaba su 'cliente'. Se lo encontró en un pasillo, allí le pegó el primer tiro, pero se le encasquilló el arma. Gaitán, herido se metió en la celda de Micky Ramírez. Hasta allí llegó 'Robinson' a rematarlo.

Cuando quedó frente a su víctima, Gaitán le ofreció 3.000 millones de pesos para que no lo matara y puso como testigo a Micky. 'Robinson' le dijo que lo mataba no por plata si no por ser paramilitar. Acto seguido le pegó tres tiros en la cabeza. Lo cierto es que a 'Robinson' le mandaron desde Venezuela un 'detallito', que consistió en 500 mil dólares, por la acción. Resulta que un mafioso de esa región le debía a Gaitán 10 millones de dólares. Al enterarse de la noticia se sintió tan complacido por quitarse semejante 'culebra' de encima que decidió gratificar a su salvador.

Ángel Gaitán, venía no hacía mucho, de asesinar a su ex esposa, para quedarse con las propiedades y unas obras de arte de valor incalculable, que esta había heredado de su difunto primer esposo Jairo Correa Alzate.

* * * * *

Mientras Fernando pasó por Cómbita tuvo la oportunidad de conocer a Yesid Arteta, miembro de las Farc, con quien compartió el pasatiempo de la lectura. El ex guerrillero le contó que mientras estuvo en la cárcel de alta seguridad de Valledupar, junto con don Miguel y con Víctor Patiño Fómeque, estuvo a punto de cometer una locura.

El narcotraficante Víctor Patiño Fómeque fue capturado en la noche del 12 de abril de 2002, en una de las habitaciones del hotel Four Point Sheraton, ubicado en la Avenida Eldorado, de Bogotá.

Según contó el mismo mafioso, al momento de su captura estaba en compañía de la bella actriz y modelo Ruddy Rodríguez. A quien ese día le había obsequiado un bello anillo de diamantes.

La operación la realizaron agentes de la DEA y de la Dijín.

A Patiño por solicitud de las autoridades norteamericanas lo trasladaron a la cárcel de Valledupar. Allá lo recibió Miguel Rodríguez Orejuela y 'Popeye'. Llegó muy nervioso y desesperado por volarse de la cárcel.

Miguel Rodríguez había sido trasladado, junto con 'Popeye' a Valledupar, desde Cómbita, cuando recapturaron a Gilberto Rodríguez el 12 de marzo de 2003. También por orden de los gringos, se ordenó que los separaran. Gilberto se quedó en Cómbita.

Una mañana Patiño le propuso a Yesid Arteta que le daba 2 millones de dólares al grupo de las Farc que lo ayudara a escapar. 'Popeye' y Miguel Rodríguez estaban escuchando. Luego de discutir las posibles maneras de volarse de allí, se le encomendó a 'Popeye' la tarea de esbozar un plan. Lo primero que hizo fue pedirle a un amigo que le consiguiera en los Estados Unidos unas revistas especializadas en helicópteros, en especial en donde estuviera una versión de uno muy pequeño que llaman 'mosquito'. Que tiene como fortaleza el de ganar gran altura en pocos segundos.

'Popeye' le cobró 3 millones de dólares a Patiño Fómeque. En total se iban a invertir 5 millones de verdes.

Lo que le correspondía a Arteta era conseguir que una columna de las Farc hostigara a la cárcel y a un puesto cercano de la Policía, para que el 'mosquito' entrara hasta la cancha o un patio y se llevara al capo de de la mafia.

Luego de explicarle el plan y los posibles riesgos quedaron a la espera de que Patiño contestara y entregara el dinero.

Miguel Rodríguez, quien sólo escuchó, pensó en todo lo que esa volada podría ocasionarle. Ya sabía que lo iban a extraditar, pero con una acción así la decisión se aceleraría. De todas maneras no estaba en la misma situación de fuerza que cuando estaba en La Picota. En la misma época en que los capturados de la Operación Milenio se iban a volar.

* * * * *

Para aquel entonces en Colombia capturaron a la más grande red de capos del narcotráfico, incluido Fabio Ochoa Vásquez. Los recluyeron en la cárcel de La Picota. Los Rodríguez Orejuela tenían allí un patio con todas las comodidades, pero sus abogados venían dando la batalla jurídica para que los trasladaran a la prisión de Palmira, Valle.

Es para esta misma época que los Jefes del Cartel de Cali tienen un serio problema con el también detenido y narcotraficante José Nelson Urrego Cárdenas. Miembro del Cartel del Norte del Valle, detenido el 17 de febrero de 1998, en una hacienda cercana al aeropuerto José María Córdova, en Rionegro, Antioquia. Este mafioso era el que se ufanaba de llevar a la cama a las mujeres más bellas de la farándula colombiana. A todas las llevaba a su hotel Sunrise Beach, en San Andrés Islas. Fernando Rodríguez tuvo el placer de estar entre los invitados a una de las bacanales que hacía Urrego en la discoteca y piscina del hotel. Ese día el mafioso estaba acompañado de su nuevo 'jueguete', la modelo Natalia París.

Resulta que José Nelson Urrego compartía patio en La Picota con los Rodríguez....

Con la llegada de los nuevos mafiosos se comenzó a planear una gran fuga masiva. Para ello se comenzó a construir un gran túnel, financiado con dineros de los capos capturados.

Cuando el túnel estaba a pocos metros de su final, decidieron comentar, por respeto, el plan a los Rodríguez Orejuela. Estos agradecieron el gesto y les pidieron a los organizadores que esperaran unos días mientras a ellos los trasladaban a Palmira.

En esos días de espera fue cuando se filtró la noticia del túnel. Fue descubierto por las autoridades y mostrado al mundo por los medios de comunicación. Todos los detenidos de la Operación Milenio fueron trasladados a diferentes sitios de reclusión.

* * * * *

Miguel Rodríguez pensó que el desesperado plan de fuga de Víctor Patiño Fómeque esta vez no sería tan perjudicial para él, es más, le parecía una acción imposible. Pero en la cárcel la mente no tiene límites. A los pocos días, Víctor Patiño Fómeque amaneció con una *Biblia* en la mano, dijo que Dios le había hablado en la noche, que lo tenía entre sus divinos planes, por lo que renunciaba a realizar el escape.

Una semana después fue extraditado a los Estados Unidos y allá prendió un ventilador que desencadenó una ola de asesinatos en Cali, que ha dejado como resultado más de un centenar de muertos, entre los que se cuentan más de 30 de sus familiares.

Fernando estaba comprobando que en la cárcel es donde están las verdaderas historias de este país.

El estar en prisión significaba para Fernando el pago a su mala conducta, estaba convencido de que aceptar con dignidad el 'canazo' lo ayudaría a cambiar su vida.

Empezó a sentirse cómodo con el hecho de que la cárcel lo había hecho alejarse de las drogas y del licor. Sentía que se estaba desintoxicando por completo.

También sintió que su corazón se estaba liberando de todo tipo de resentimiento para con su padre. Pero con éste nunca se reconcilió. La única vez que estuvieron a punto de hacerlo Gilberto Rodríguez no lo permitió, muy a pesar de un gesto humanitario que tuvo para con su papá.

Sucedió que un día llegó hasta su pabellón un guardia de apellido Espitia a informarle que su padre estaba muy mal, que tenía angina de pecho y que estaban haciendo los preparativos para trasladarlo a un hospital de Tunja.

Fernando llamó de inmediato al mensajero que tenía su papá en las afueras de la prisión, para informarle de lo sucedido, pero fue imposible ubicarlo. Por lo que decidió llamar a la secretaria de su tío Miguel en Cali, a la señora Nidia. Le informa que a su papá se lo sacaron de urgencia de Cómbita a un hospital, que estaba muy mal. De inmediato le informan a Myrian Ramírez Libreros, la segunda esposa de Don Gilberto. Se mostró extrañada y no le dio mucho crédito a lo que decía Fernando, ya que ella había hablado con Wilmar, el secretario de su marido, hacía unas horas y no hubo ninguna novedad. Fernando llama nuevamente a Nidia a confirmar lo de su padre y a pedir que vayan hasta Cómbita o Tunja a visitarlo. Myriam insiste en no saber nada. En la prisión ordenan la recogida y no puede volver a llamar.

Al día siguiente llamó a la secretaria a Cali y esta le dice que Myrian está muy agradecida con él, por ese gesto tan grande.

Fernando aprovecha la oportunidad para mandarle una razón a su padre. Pide que Myrian le diga que él está muy preocupado por la salud de su papá.

Nunca hubo respuesta. Jamás se supo si la razón se dio.

Lo cierto fue que a su padre lo trasladaron, por motivos de salud, de Cómbita a La Picota. De esta cárcel fue que lo sacaron rumbo a los Estados Unidos.

Coincidencialmente el día anterior a la extradición de Gilberto Rodríguez, Fernando le solicitó al coronel retirado Orlando Castañeda. Director de la cárcel Doña Juana, que le permitiera comunicarse con su padre para pedirle perdón y despedirse de él. Era el último intento que haría en busca de la reconciliación. El funcionario accedió luego de pedirle autorización al Director General del Inpec, general retirado Ramón Emilio Cifuentes.

Por medio del sistema de comunicación Avantel se comunicaron con el patio de Máxima Seguridad de La Picota. Gilberto Rodríguez fue informado de que su hijo Fernando estaba al otro lado del aparato. El capo miró fijamente al funcionario y le respondió que no tenía nada que hablar con su hijo.

Fernando al escuchar el mensaje se puso a llorar.

Nuevamente comprobaba que su padre lo odiaba. Hacía unos meses le había enviado una carta en donde reconocía sus errores y le pedía perdón a su padre. Al final le rogaba para que le diera una nueva oportunidad.

No recibió ninguna respuesta. Ello no lo entristeció al saber cómo era con él su padre, pero lo que hizo sí que lo entristeció y decepcionó. Gilberto Rodríguez cogió la carta y la mandó a fotocopiar, para repartirla entre todos los miembros de la familia, como una prueba de que él no había sido el malo, sino su hijo Fernando, como él mismo lo reconocía en la carta que le envió. Toda la familia estuvo de acuerdo con el capo de la mafia en ese sentido.

Fernando entregó el Avantel y se fue para su celda. No había nada que hacer, él y Gilberto Rodríguez jamás serían amigos... además nunca lo habían sido. También recordó el momento en que su padre fue recapturado y llevado a Cómbita nuevamente. En el mismo helicóptero que trajeron a Gilberto se llevaron a su tío Miguel a la cárcel de Valledupar. Días después se encontró con su padre, quien estaba rodeado de sus abogados. Se le acercó, pero no pudo decir nada. Delante de todos los presentes, su papá fue quien tomó la palabra y le dijo: "Vea Fernando, entre más lejos estemos el uno del otro, mejor nos llevamos".

Fernando sólo atinó a responder: "Perdóneme, perdóneme padre".

Jamás se volvieron a ver ni hablar.

El 3 de diciembre de 2004 Gilberto Rodríguez Orejuela fue extraditado a los Estados Unidos. Así son las ironías de la vida, exactamente once años atrás los jefes del Cartel de Cali celebraron en compañía de más de 150 invitados, en la discoteca 'Los Compadres', la caída de su archienemigo Pablo Emilio Escobar Gaviria. Once años después a Gilberto Rodríguez lo montaban en un avión de la DEA rumbo a una cárcel de máxima seguridad.

De su tío Miguel sí se pudo despedir, hablaron por teléfono durante un minuto y medio. Contó nuevamente con la colaboración del Director de la cárcel coronel Orlando Castañeda. Su tío estaba detenido en una cárcel de Girón, Santander. Aprovechó la oportunidad para agradecerle por haberle tendido la mano siempre, también le pidió perdón por las veces que lo decepcionó. Nunca más volvieron hablar, porque a los dos días, 19 de enero de 2005, lo extraditaron a los Estados Unidos. Este día, bien temprano, trasladaron al otrora jefe del Cartel de Cali, Miguel Rodríguez, desde Girón a la Base Aérea Germán Olano, antes conocida como Palanquero. Hasta allí llegó el avión que lo llevaría para los Estados Unidos. Fernando vio en el cielo, desde el patio donde estaba recluido en La Dorada, la aeronave donde estaba siendo extraditado su tío.

Con la extradición de los Rodríguez Orejuela y la posterior entrega de William Rodríguez Abadía a las autoridades Norteamericanas se acababa el imperio de los Jefes del Cartel de Cali. Todos los bienes denunciados por ellos y los descubiertos por las autoridades pasaron a manos de la justicia norteamericana en el 2006.

* * * * *

Ese fue el año en que todo acabó, pero el imperio empezó a desmoronarse en la mañana del 8 de julio de 1994, cuando tropas del Bloque de Búsqueda llegaron al sexto piso del Edificio Siglo XXI y entraron a la empresa Asesorías Contables y Financieras. El responsable de la empresa era un ciudadano chileno llamado Guillermo Pallomari, que correspondía al alias 'Reagan'. Allí se encontró toda la información contable del Cartel de Cali y todos los documentos que desencadenaron el llamado Proceso 8.000. En ese momento los fiscales y oficiales que dirigían el allanamiento dimensionaron lo que habían hallado.

Pallomari llegó a ser el contado personal de Miguel Rodríguez Orejuela. Tenía toda la información que las autoridades norteamericanas necesitaban para acabar de una vez por todas con el Cartel.

Los Rodríguez sabían de la importancia de Pallomari, por ello lo consentían y le pagaban exageradamente bien. Al momento del allanamiento ganaba 20 millones de pesos mensuales. El patrón le regaló las instalaciones en donde funcionaba la Academia de Computación Universal Link, que era dirigida por la esposa de Pallomari, Gladys Patricia Cardona. También le habían obsequiado, después del 'corone' de un envío de droga, una hacienda avaluada en tres mil millones de pesos, ubicada a 30 kilómetros de Cali, en la Vía al Mar, llamada 'Villa Guillo'. A unos cuantos kilómetros estaba la finca 'Villa Carolina', de Don Miguel, su patrón. Todo indica que ese día a Pallomari le avisaron 40 minutos antes del allanamiento. No se sabe sí ya estaba negociando con las autoridades americanas, pero lo cierto es que no hizo nada por deshacerse de los archivos y computadores. Al momento de las acusaciones todo se quedó en que el nerviosismo no les permitió actuar debidamente.

Hasta ese momento no se conocía lo que había declarado Pallomari a la Fiscalía durante el allanamiento. Cuando Miguel Rodríguez conoció el texto completo se molestó con muchas de las historias que contó el contador. Le solicitó que fuera a la Fiscalía y cambiara su declaración. Así lo hizo. Pero ya nada era lo mismo para el contador, habían perdido la confianza en él y eso era 'mortal' en el negocio de las drogas.. Llegó una época de relativa calma debido a la persecución de las autoridades a los jefes del Cartel. 13 meses después del allanamiento al Edificio Siglo XXI cayó Gilberto Rodríguez Orejuela, el día de su captura estaba con la ex princesa Aura Rocío Restrepo.

La mayoría de los jefes del cartel estaban detenidos o se habían entregado, faltaba Miguel Rodríguez. Estaba tratando de negociar su entrega y de no dejar cabos sueltos.

Un lugarteniente de Miguel Rodríguez le comentó que veía muy nervioso a Pallomari, por lo que el Jefe del Cartel ordenó asesinarlo.

Pero la DEA le ganó de mano por unos días. En los primeros días de agosto de 1995 la DEA ya tenía lista la salida de Pallomari. Miguel Rodríguez cayó en manos de las autoridades el 9 de junio de 1995. De la esposa de Pallomari y del Gerente de Universal Link nunca más se volvió a saber de ellos. Algunos han pensando que los Rodríguez Orejuela regresaron a las drogas desde la cárcel La Picota, porque el golpe de Pallomari los dejó en la ruina. Sabían que todo lo 'legal' que habían adquirido lo iban a perder con los testimonios del contador chileno. Por lo que decidieron reconstruir su imperio a base del envío de cocaína a los Estados Unidos.

* * * * *

Pero con el ataque, por parte de las autoridades, a las finanzas y bienes de los Rodríguez Orejuela se empezó a acabar la opulencia entre los miembros de la familia. Con el pedido en extradición y la confirmación por parte de la Corte Constitucional se acabó todo.

Muchos de los testaferros, aquellos que las autoridades nunca lograron descubrir, se quedaron con los bienes, los dólares y las utilidades de los negocios que montaron los Rodríguez Orejuela. Hoy no le reportan a los herederos. Ya no los respetan, más bien les hablan duro y los amenazan con otro mafiosos del Valle. Ya muchos miembros de la dinastía saben lo que es montarse en un bus urbano y en un taxi en Cali. Otros no conocen los exclusivos restaurantes de la ciudad ni estrenan carro cada tres meses. Jamás los Rodríguez se imaginaron conocer la palabra "pagar arriendo". Hoy en día deben hacerlo a estupefacientes.

Yo en la cárcel aprendí a desprenderme de todas las cosas materiales, pero sé que para muchos familiares va ser imposible.

Se acabaron las fastuosas celebraciones, las amistades y el poder. Ya todos somos unos simples mortales.

Pero lo más triste es que el sentimiento de la hermandad, del amor entre hermanos se acabó. Todos me han dado la espalda. Yo le pagué a la sociedad mi falta, con un precio muy alto. Me llevaron a las prisiones más duras del país por un delito que no lo merecía. En prisión me desintoxiqué. Salí con el deseo de trabajar dignamente, pero me encuentro que con estos apellidos no me dan trabajo en ninguna parte y mis hermanos me dan la espalda. Todos ellos aprovecharon la negociación de mi padre, que creo que es el mismo de todos, y me dejaron por fuera. Es como si lo empujaran a uno a la delincuencia siempre.

He terminado odiado por hermanos, padres y familiares. Creo que a mi primo William, quien tomó la jefatura familiar sin nexos ahora con algo ilegal desde 1995, por iniciativa de mi tío y mi padre, como lo dijo ante un Fiscal en Estados Unidos, le fue mejor. Al declarar de esa manera asumió una infinidad de delitos que tienen como pena muchísimos años, pero no va a pagar ni siquiera el tiempo que yo pagué en la cárcel. El fue el 'Jefe' y la familia no lo condenó como a mí. Es más, la justicia norteamericana le dio una nueva oportunidad. Si pudiera regresar el tiempo lo único que hubiese hecho era haber tomado la decisión de haberme ido de la casa cuando descubrí que quería ser como mi padre, mafioso.

No sé si haber sido hijo de un Rodríguez Orejuela fue un privilegio, la verdad es que sirvió para pasarla bien pero a costa de quedar estigmatizados y marcados para toda la vida. No sé si la sociedad perdone a todos nuestros descendientes, pero lo cierto es que nadie escoge donde va a nacer. Si bien es cierto que mis padres mantuvieron a mis otros hermanos alejados de todo este mundo del hampa, jamás podremos desconocer que nos beneficiamos de un negocio ilícito.

No le hace bien a los hijos maltratarlos por todo y odiarlos porque se portan mal. Creo que existen maneras correctas para obligarnos a encontrar el mejor camino. Lo único que no debe faltarle a un padre y jamás acabársele es la paciencia. Uno es delincuente porque lo ve, lo aprende y le termina gustando. Pero son más las veces en las que la misma familia nos empuja a delinquir. La primera vez que fui bandido se debió a que lo aprendí del mejor maestro, mi padre. Pero todo tiene su castigo, lo recibí con mucha pena y vergüenza, con lo cual le pagué a la sociedad y a mi familia. Después de conocer la cárcel, de perder la libertad, uno no quiere volver a equivocarse. Se sueña con una nueva oportunidad, se piensa en los familiares y amigos. Pero por lo general ya estos no están para tendernos la mano o se niegan hacerlo.

Lo mejor de todo es que esta narración que hice de mi vida es con el fin de que se convierta en un ejemplo a no repetir. Esto puede pasar hasta en las mejores familias, aquellas que no nacieron o se formaron a la sombra de las drogas y el crimen.

Y también decidí contar mi historia para decirle a mis hijos: perdónenme.

ANECDOTARIO

POR: FERNANDO RODRÍGUEZ MONDRAGÓN

ANÉCDOTAS SOBRE MI PADRE

GILBERTO RODRIGUEZ NACE EN MARIQUITA

Mi papá en su niñez en su pueblo natal, Mariquita, Tolima era una persona normal estudió su primaria allí, en el bachillerato se dio cuenta de su capacidad, de sus habilidades, de su inteligencia, ya daba visos de ser una persona que quería sobresalir y salir adelante en su vida. Tenía un padre que lo maltrataba y que tenía trabajos esporádicos como pintor; mi abuelo, Carlos, tomaba mucho y le pegaba a cada momento a mi padre. Mi abuelo lo primero que hacía era comprar trago o cerveza, en vez de poner para la alimentación, entonces mi padre empezó a ver eso y se decía que él no quería ser igual a su padre, trabajar y tomarse la plata, no progresar, no capitalizar, entonces, en vista de eso, él empezó en su mente a planear la forma de salir adelante junto con sus hermanos, porque los quería y los estimaba mucho, aunque el no era el hijo mayor.

Un día cualquiera mi padre le dice su mamá: "Oiga mamá, yo quiero sobresalir, pues aquí en Mariquita estamos mal, vamos a una capital a una ciudad más grande y dejemos a mi papá aquí, que él se defienda solo y que haga sus cosas solo, nosotros no necesitamos de él", entonces mi padre en compañía de su mamá, mi abuela, deciden abandonar a mi abuelo, sacárselo de sus vidas y se mudan; todos se van al Valle y se radican en Cali.

El momento de la decisión de viajar a Cali, es un momento definitivo porque mi padre asume una responsabilidad grande con sus hermanos menores, con su mamá y con él mismo, esa es la decisión más importante que él tomó. En Cali se puso a trabajar, compró una bicicleta, y se empleó como mensajero y empieza a conocer otro ambiente, otros negocios, dentro de sus cosas conoció a la gente de la banda "Los Chemas". Y en su afán de sacar adelante a su familia vio que el dinero fácil que se ganaba con la banda delincuencial "Los Chemas" era atractivo y se metió cada vez más, así comenzó a escalar posiciones en el mundo del hampa.

Yo estaba muy pequeño cuando conocí a la gente de "Los Chemas", era gente del Valle del Cauca, dedicados básicamente a la piratería terrestre, atraco en las carreteras a camiones cargados con distintas mercancías y después se fueron metiendo en el narcotráfico. Entonces iniciaron a comprar, a lavar, procesar y vender los kilos de cocaína. En ese camino conoció a un hombre que lo marcó para toda su vida: José "Chepe" Santacruz e inicia como empleado de él en el manejo de lo que era la traída al continente de la pasta especialmente de Perú.

Posteriormente mi padre comienza a meterse en envíos, en esa época, años 70, eran muy pequeños, era en maletas, no había la hostilidad ni controles como ahora. "Chepe" Santacruz ya era un capo porque él ya manejaba el producto que vendía en Nueva York, el producto terminado, mi papá, hacia toda la logística aquí y "Chepe" era el que se ganaba todo el dinero como producto de la venta. En ese momento el kilo en Nueva York en el año 70, estuvo a 80.000 ó 90.000 dólares el kilo, mi padre vio que allí había un dinero muy grande no en pesos, sino en dólares y "Chepe" lo lleva a Estados Unidos a mostrarle; y mi papá le propone que ellos pueden aumentar los ingresos y le propone ciertas tácticas de envíos para cargamentos más grandes, ya de 150 kilos y ahí es cuando "Chepe" Santacruz le toma gran aprecio porque le está compartiendo con sagacidad las nuevas formas de introducir el alcaloide al país del norte.

Santacruz Londoño accede a ser socio de Gilberto Rodríguez e inician ese camino que los lleva a convertirse en los capos máximos del Cartel de Cali. Ellos eran muy cuidadosos en el manejo de sus cargamentos y sus rutas, eran muy celosos, muy parcos pero ya la abundancia de dinero se veía y los negocios se veían progresar, allí se marchaba a pasos firmes consolidando su poder en el mundo político y con grandes empresas como Drogas La Rebaja, tenía la representación de la Chrysler en Colombia, CorfiBoyacá, un banco en Miami, el Interamerican Bank of Miami y sus sucursal en Panamá. Mi papá siempre creyó que con el dinero y el poder podría llegar a ese círculo de la oligarquía, pero eso nunca lo logró, de pronto tuvo gente prestante, más que todo políticos, artistas, empresarios, pero llegar por ejemplo a los clubes o entrar a ciertos sitios que están vetados para personas del montón, lo máximo que tuvimos fue acciones en el Club La Rivera de Cali, en el Club Campestre, pero cuando se dieron cuenta de quiénes eran los nuevos socios, nos quitaron las acciones cuando detuvieron a mi papá en España. En los clubes exclusivos como Los Lagartos fuimos vetados, porque no teníamos cómo demostrar linaje, mi padre terminó estudiando Filosofía y graduándose con honores.

Nosotros logramos convencer en 1995 a mi padre para que ayudara a la gente necesitada. La suegra de él vivía en un corregimiento La Buitrera cerca a Cali, atrás del Club Campestre, el 24 de diciembre todos los niños de esa vereda hacían la cola al frente de la casa de mi abuela y a todos se les daba un regalo y se les daba torta y helado, el primer año aparecieron 150 en el último año habían más de 1.500 niños que venían hasta de Cali. Mi padre iba a lo barrios pobres y daba cajas de ropa y de todo para que se repartieran, pero se dio cuenta de que en eso se benefician otros, entonces creó una Fundación y así pudo ayudar a niños con sida. Dos años después, en 1997, no se iba a imaginar que tendría que gastar 10 millones de dólares, en los cinco jueces que votaron la *extradición sin la retroactividad. Por que se compraron 4 votos es decir que la votación quedaba 4 a 1, al final se voltió uno y la votación quedó 3 a 2. Ellos se asustaron porque la vaina estaba asegurada 4 a 1. No obstante lo anterior, sabían que en algún momento de la vida se los iban a llevar.*

Cuando logra consolidar el imperio de las droguerías Drogas La Rebaja, tiene una de su mayores satisfacciones en la vida y es ver a sus hijos ya graduados en la universidad, empleados como gerentes de las empresas de él y que todos sus hijos eran profesionales, más el logro de ser un hombre muy rico. Esa felicidad la corta la guerra con Pablo Escobar y entonces se ve vinculado a una guerra que no esperaba, la muerte de personas muy allegada a ellos. Empleados de confianza, de manejo en las empresas suyas fueron muriendo en esa guerra con Pablo y allí la guerra no tuvo freno.

Con la guerra se frenó todo, mi padre ya no creó otras empresas, cuando le quemaron las droguerías, tuvo miedo que personas brillantes que manejaban las droguerías fueran blanco de la furia de Pablo Escobar y no avanzó mas en su búsqueda de posicionarse en un mercado grande de los negocios; y esa guerra devastadora que termina con la muerte de Pablo y que termina con la muerte de gente allegada a él.

Yo creo que la mayor decepción que tuvo mi padre en la vida la tuvo con el ex presidente Ernesto Samper Pizano, quien por defenderse como "gato patas arriba" del llamado Proceso 8.000, no pudo gobernar. Mi padre había apostado muy duro en dólares a favor de la campaña de Samper y simultáneamente aportó otros 2 millones de dólares a la de Andrés Pastrana Arango por si ésta ganaba. Esto nunca se supo.

La caída de mi padre a la cárcel lo marca, pero su mayor decepción fue con respecto al Proceso 8.000 y las investigaciones que le hacen caer a lo más sagrado que él tiene: la familia. Caen sus hermanas, caen sus hermanos, y caen personas de la familia y eso le da mucha tristeza, porque él quería que lo responsabilizaran de todo a él, él quería pagar ante la justicia y que todos sus familiares fueran excluidos de proceso judicial alguno.

Mi padre creyó que contribuyendo a subir a un presidente, el que fuera, tendría a Colombia en su bolsillo, y eso lo blindaría con Estados Unidos, eso sumado a la amistad que tenían con otros tantos políticos colombianos, más el dinero que le entregaban tratando de buscar arreglos para no irse. Ellos tenían los mejores abogados, contaban con el favor político porque alguna vez le habían hecho favores, ellos tenían la palabra de esos políticos que los iban a ayudar en algún momento para cambiar las leyes, como había sucedido con la Constituyente de 1991 donde hicieron lo que quisieron y pusieron las leyes que ellos quisieron entonces pensaron que eso también se podía hacer, y que la policía y que el CTI de la Fiscalía, el Ejército y demás, se seguirían vendiendo y eso no pasó porque cambiaron jefes, y ya hubo jefes leales a las organizaciones de justicia de este país. Aunque como sabemos y he explicado, mi relación con mi padre no fue muy buena, fue regular y mala, mi padre hacía tres meses disfrutaba de la libertad, ya al parecer había pagado todos sus delitos y era un hombre libre que ya podía disfrutar de su riqueza para disfrutarla con sus nietos, con su familia y su entorno; él esperaba a que saliera de la prisión su hermano Miguel. Entretanto, el Gobierno norteamericano que no quedó contento con la libertad de Gilberto Rodríguez, presionó al Estado colombiano para que siguiera teniendo en la mira a la familia Rodríguez y desgraciadamente en esos hechos caigo yo preso y lógicamente viene el 'boom' noticioso, eso hace que los Rodríguez queden nuevamente en la palestra pública.

GUSTOS GASTRONÓMICOS Y HOBBIES

A mi padre le gustaba comer todo tipo de carnes, cuando vivía en Bogotá él iba por la carretera de Fontibón, a comer carne a la llanera y en el restaurante A donde canta la rana, en el sur de Bogotá, comía chunchullo, pero con el paso de los años le comenzó a molestar el ácido úrico, tuvo que bajarle a la carne, él comía de todo, el suculento sancocho que le prepara su mamá, ese plato de mi abuela era el preferido de él.

En una época corrió en Karts, practicando eso se partió una clavícula. Le gustaba volar en ultralivianos, en una ocasión se accidentó con su instructor, en la pista del antiguo aeropuerto de Cali, Calipuerto. Le fascinaba ver jugar a la selección Colombia, ver carreras de automovilismo y muchas veces patrocinó eventos deportivos, le gustaba el boxeo. En una ocasión fuimos en Cali a ver pelear a Antonio Cervantes 'Kid' Pambelé, en una defensa de su título, el combate duró 38 segundos, pagó las sillas más caras y ni siquiera nos habíamos acomodado cuando la pelea ya había concluido. Para él también era motivo de gran orgullo e haberse convertido rey en Nueva York; a él le emocionaba sacarle el dinero a los gringos, a él no le gustaba Estados Unidos.

Hoy mi padre cree que la filosofía como ciencia lo va a sacar adelante, él siempre fue un tipo brillante. Cuando yo estudiaba primaria siempre se le preguntaba algo de una tarea y él lo sabía todo, yo lo vi enfrascado en discusiones con tipos brillantes el discutía y refutaba y siendo empírico porque nunca había estudiado derecho y en la filosofía ya a lo último era una persona con unos conocimientos muy avanzados. Yo creo que a la mujer que mi padre mas amó fue a mi mamá por haber sido ella de un estrato humilde, una mujer que no lo pudo ayudar mucho. Pero que lo dejó que él hiciera libremente sus negocios sin reprocharlo, él con ella en su casa podía salir tranquilo porque sabía que sus hijos quedaban muy bien protegidos, que estaba dándoles buenos ejemplos, moral y principios religiosos, él se podía ir un mes o dos meses y la casa funcionaba como si él estuviera, mi mamá nunca le reprochó nada y jamás le concedió el divorcio, mi padre se separó de ella antes de 1970 y mi madre seguía guardándole la ropa, él de vez en cuando nos visitaba, ella siempre lo defendió, fue muy fiel a él.

LA CÁRCEL DE VILLA HERMOSA

Cuando mi padre Gilberto Rodríguez Orejuela llega a Colombia extraditado de España, lo trasladan a la cárcel de Villa Hermosa, al Patio Uno, esa era una cárcel muy pobre a la que nunca el gobierno le había metido la mano, era una cárcel con muchos internos y grandes condiciones de hacinamiento. El Patio Uno era como el mejorcito, mi papá manda a tumbar todas esas celdas, manda a hacer 12 celdas manda a enrejar la parte de él, se queda con tres celdas, la de él, otra para una persona que él puso como su guardián y otra donde estaban las neveras, donde estaban lo víveres y todo.

La primera visita nos tocó en el patio con los otros internos, esos nos pedían plata, todos ellos nos querían vender las cositas que hacían allá adentro, eso fue difícil porque no tuvimos esa privacidad porque le estaban cuadrando lo del Patio Uno, con unas celdas muy bonitas, pero celdas normales, con su televisorcito y su cama cómoda, su colchón bueno, tenía su nevera, sus cosas. Las visitas para mi papá eran mínimo de 50 personas, ya el manejo de la cárcel lo asume totalmente. Un Día de las Mercedes a cada interno le dan un blue jean y una camisa.

Puso a funcionar los deportes, conformó selecciones de cada patio, organizó campeonatos, tomó las riendas de la selección de fútbol de la cárcel y la enfrentaba contra el América, contra equipos de afuera. Entonces ya nosotros no teníamos solamente la visita del sábado, sino que por ejemplo yo llevaba un equipo y él me lo enfrentaba contra los internos y en la cancha podíamos hablar, estábamos en un ambiente muy relajado yo entraba mi carro hasta dentro de la cárcel, entraba mi arma y mis escoltas ingresaban con las armas sin ningún problema, era una vida buena, la comida toda se la hacían especial, comía muy bien, todo muy bien, habían facilidades grandes.

Él dura como10 meses allí, hasta que el juez Posso lo declara inocente y sale; luego es capturado diez años después en 1995 y es enviado a la cárcel de La Picota.

CÓMBITA

Mario Aranguren era el director de la cárcel de Cómbita, fue el mismo de la DIAN. Las cárceles de alta seguridad vinieron a Colombia con los reglamentos de Estados Unidos. Allí llega usted, lo rapan, lo mandan a bañarse, lo desnudan y tiene que hacer unas flexiones de pecho para ver si hay algo en el ano, le abren la boca le meten un palillo le tocan los genitales, a las mujeres les hacen tacto vaginal.

A la primera visita de mi papá y mi tío entraron dos de mis hermanas llorando, acompañadas por la ex reina Marta Lucía Echeverri y unas primas mías. Cuando se acabó la visita mi padre y mi tío mandaron a llamar al Director del penal a un pabellón donde se reciben las visitas y mi papá le dice al director: "Vea señor Aranguren a nosotros nos puede hacer lo que quiera, ya nos rapó, haga lo que quiera con nosotros, con nosotros puede hacer lo que se le de la hijueputa gana, pero usted me vuelve a tocar un hijo mío, o a un familiar mío y lo mando a matar, ponga a grabar si quiere lo que le estoy diciendo y dígale al Director General del INPEC que yo lo amenacé de muerte, pero así sea la última cosa que yo hago aquí, lo mando a matar", y ahí Aranguren le bajó el tono al asunto.

Después metieron una plata para una tutela que se ganó a nivel nacional, para que el reglamento de las cárceles de alta seguridad en Colombia fueran de acuerdo con las leyes colombianas, de todos modos, el reglamento sigue siendo exagerado, el reglamento tiene una legislación especial y ellos se amparan en eso, la visita allí es cada 15 días en un pabellón especial por espacio de cuatro horas.

ESTADOS UNIDOS

En Estados Unidos, ellos van en unas condiciones peores que las de aquí bueno por lo menos aquí tenían teléfono, veían gente, podían hablar con los otros internos, allá llegaron completamente en aislamiento en una celda donde no había aire puro encerrada completamente, donde tenían una abertura por donde le pasaban la comida, tenían luz de neón todo el día, las 24 horas, ellos no sabían si era de día o de noche, si estaba lloviendo, no los dejaban hablar por teléfono, en una llamada que les dejaron hacer después de casi un mes de estar allá, mi papá a llama a su secretaria en Cali y la secretaria le hace una conexión, una llamada a otra persona para que pudiera hablar con él, los gringos notan que hay otra llamada en la línea, pero que no pueden rastrearla porque allá graban todo, entonces les suspenden las llamadas por cuatro meses como castigo por haber infringido el reglamento que se lo pasaron en inglés y ellos no lo leían, entonces estuvimos casi cuatro meses incomunicados.

Ellos en la primera cárcel de Estados Unidos estuvieron muy mal porque no sabían si era de día o era de noche, no podían hablar con nadie ni con los guardianes, les pasaban la comida y volvían y le cerraban inmediatamente cuando llegó mi tío, pues creímos que era como un favor que quedaran los dos en la celda, para que pudieran charlar, pero no pudieron convivir puesto que cada uno tiene sus pensamientos, sus costumbres, sus hábitos, son personas que han vivido una vida muy agitada y no hubo esa compresión entre hermanos y pidieron que los separaran..

Actualmente los trasladaron a una cárcel en Pensilvania para mayores de 40, allí ya pueden estudiar, tienen acceso a libros, tienen acceso a periódicos, pueden hablar con otros internos, las condiciones mejoraron un poco.

No nos han cumplido con el arreglo que se hizo directamente con los gringos acerca de la entrega de todas las propiedades de nuestra familia así estuvieran incautadas o no. Parte de ese arreglo fue que ellos nos devolvían una vivienda por cabeza de familia que hasta estos momentos no nos han cumplido.

El Gobierno de los Estados Unidos nos dio visas en diciembre pasado. A cada uno, a Gilberto y a Miguel, les entregaron de a cinco visas para familiares que no estuvieran vinculados en la famosa lista Clinton y nosotros los Rodríguez en 90% estamos en esa lista. Le dieron a la esposa de mi papá, pero ellos se tuvieron que casar dos días antes de mi padre ser extraditado porque uno de los requisitos es que lo puede visitar sólo su legítima esposa. Le dieron visa a José Gilberto, el hijo adoptado, él es un niño, él conoció a mi papa en la cárcel. Les dieron visa a dos primos míos, los familiares cercanos no los han podido ver porque todos están en la lista Clinton. El primero que lo vio fue un hijo mío que es americano, lo vio en Miami.

Las cartas que ellos envían son muy duras por su aislamiento, estuvieron hasta hace poco tiempo 24 horas encerrados en la celda con una luz de neón que no la apagaban. Cuando hacía calor le ponían full el aire acondicionado, entonces recibían mucho frío y cuando hacía frío, les instalaban la calefacción, entonces hacía demasiado calor, el aire no circulaba. Ya en noviembre del año pasado les cambió la situación porque fueron trasladados a Pensilvania, después de su arreglo con la justicia americana.

Los Rodríguez Orejuela están muy mal, mi tío Miguel, está muy envejecido muy cadavérico, muy amarillo, ahora dicen que han ganado algo de peso, ya por lo menos hacen ejercicio, están estudiando, leyendo, ya tienen acceso a cosas mejores como llamadas telefónicas más frecuentes, se han recuperado un tanto. A ellos Colombia no les cumplió y ellos entregaron sus vidas, porque ellos no van a salir vivos de allí. Mi papá Gilberto tiene 68 años de edad (nació 1939), tiene su salud muy deteriorada, mi tío Miguel tiene 66 años (nació en 1941) con su salud muy frágil pero ellos quieren antes de morirse ver que el Gobierno colombiano le ha devuelto a la familia parte de sus bienes para que sus herederos puedan subsistir con una empresas legales.

Estados Unidos les ha ofrecido que si ellos delatan, les rebajan la pena, pero ellos no van a delatar a nadie, les ofrecieron rebaja de penas si delatan a sus socios, a los políticos que les colaboraron, a los grandes jefes de la Policía o del Ejército que les colaboraban, si delatan los bancos, las empresas, los socios y los testaferros que estuvieron al servicio del Cartel de Cali, entonces los gringos le rebajan la mitad de la pena, pero ellos no aceptaron eso. *Ellos ya no cambian de opinión, ni cuando estuvieron torturados por más de un año,* eso lo hacen por la protección a la *vida de los 79 miembros de la familia, es por la vida de sus seres queridos si tuvieran otra condición lo harían, la parte de la familia es sagrada, ellos dicen que 79 son mucho más que dos. Ellos protegieron al mismo William,* hijo de mi tío Miguel. *William, en su desespero iba a delatar a mi tío y a mi papá y a ex socios; y como familiar era un testigo estrella. El muchacho aceptó cargos, ellos se echaron la culpa de lo que él hizo y por eso le dieron sólo 5 años de prisión, está próximo a quedar libre. William es mi gran amigo.*

En este momento los detenidos de la familia son mi papá, mi tío y mi primo William. *Nosotros hemos estados presos: todos mis tíos, mi tío Jorge, Rafaela, Marina, todos por enriquecimiento ilícito, estuvo el esposo de mi tía Amparo, estuvo mi primo Juan Felipe que lo mataron en Cali, estuvo Aura Rocío, la muchacha que cogieron con mi papá que era la amante de él y ya todos están libres gracias a Dios.*

LA CONDENA EN ESTADOS UNIDOS

Mi padre debe pagar una condena neta de 26 años y medio, que es la condena que tiene que pagar físicamente de los 30 años que le dieron, eso que le está pasando era lo que más temía. En el fondo Gilberto Rodríguez Orejuela *es un ser humano que tiene un gran corazón, un corazón generoso, era bueno con su gente, con la familia era recio de palabras, pero ese gran corazón lo tenía que escudar en esa cara de malo, con esas palabras de malo, pero realmente el era muy rencoroso, muy celoso con sus cosas, ese era el defecto más grande que el tenía, a él le fastidiaba el incumplimiento en los negocios, la falta de palabra, porque el manejo de muchos negocios es con la palabra, no hay cheques; decían nos vemos tal día y esa fecha era inquebrantable, los engaños los castigaba con severidad, yo creo que esas eran las cosas que él más odiaba.*

MI JUVENTUD CON EL "AJEDRECISTA"

Mi padre un día me compró una bicicleta Zeus que era lo máximo, corría el año 1968, la bicicleta la mandó a traer de Italia, con cambios. Los comisarios me le ponían cinta a los cambios pero yo era mal ciclista.

Yo corría patrocinado por la Droguería Comercial y en mi primera participación en carreras organizadas recorrí la primera etapa desde la torre de Cali vía la vuelta del río de Cali hasta la Clínica de Las Mercedes, allí llegué dentro de los últimos. La segunda etapa era hasta Yumbo, un tipo de una monareta se me pegó y me ganó en la meta, allá me estaban esperando con fotógrafos y todo, nos mandaban a entrenar y corría 4 kilómetros y los guardaespaldas paraban porque el hijo del patrón se bajaba a tomar gaseosa.

MIS RECUERDOS

Mi padre en Cali era intocable, Pablo Escobar lo sabía, porque lo único que pudo hacer y que estuvo medio cerca fue el atentado con una bomba que puso ahí al frente de la Universidad del Valle, dirigida a mi tío Miguel, bomba que ni siquiera explotó al paso de ellos, cuando ellos ya estaban llegando a la casa fue que les explotó, estaban siguiendo a mi tío sabían que iba a visitar a la mosita que era la reina Marta Lucía Echeverri, ella vivía en la Avenida Circunvalar, entonces con telescopios de un edifico a otro edificio miraban cuando salía el de ese apartamento, le tenían planeado ponérsela por la vía que el llegaba a su casa que era al frente de la Universidad del Valle, cerca al entrada al barrio Ciudad Jardín, ellos sacaron el carro empujadito lo pusieron en el lugar indicado, mi tío ese día no pasó por la paralela, él pasa por encima, cuando el voltio y estaba llegando a la casa oyó la explosión, allí murieron dos personas.

Otra bomba puesta junto al antiguo J. Gómez, en Cali, también mató a varios empleados y a varios civiles, ese fue el daño mas grande que nos hizo Pablo con explosivos en vidas humanas junto a la quema de las droguerías en Medellín que fueron como 26 droguerías incineradas, fue mucha gente muerta, mucha gente de Cali que iba a Medellín a hacerle inteligencia a Pablo, se murió mucha gente de bando y bando, de lado y lado.

Yo escuché muchas veces la voz de Pablo en grabaciones en cosas que mandaba ellos siempre hicieron un pacto de bandidos, y era que se iban atacar entre ellos era Pablo contra Miguel y Gilberto Rodríguez Orejuela, eso por lo menos se respetó en principio se respetó, mataron trabajadores pero de ellos familiares no.

Un día escuché la voz por teléfono cuando decía ve hijueputa mirá los hijos tuyos en ese video, porque nosotros echábamos gasolina en una bomba donde mi papá nos regalaba los vales y un hombre de Pablo, alquiló un cuarto y una cámara y filmó todos los carros de nosotros ese video no lo envió para que nosotros lo viéramos y supiéramos que él estaba enterado de los movimientos de todo y cada uno de los hijos del clan de los Rodríguez Orejuela, que conocía los pasos de nosotros, en el video decía: Ese es el hijo tuyo, el mayor, se llama así, tiene ese carro, tiene cuatro escoltas, este es el otro hijo tuyo tiene tal carro y explicaba todo, ese día que escuchamos ese video nos dio miedo, mi papá de todos modos estaba convencido de que él lo iba a lograr vencer, trabajo que le costó mucho dinero y tiempo, mucha inteligencia, pero a la postre logró ganarle la guerra.

Ese fue el principio del fin del imperio del Cartel de Cali, la muerte de Pablo, al morir Pablo todos los organismos de seguridad se desplazan a Cali a continuar en la tarea de acabar con el otro cartel y lo logran porque Pablo muere en 1992 y en 1995 están ya capturados los cuatro integrantes mas importantes del Cartel de Cali, porque ya se había aliado "Pacho" Herrera con ellos, todos estaban ya presos, "Pacho", "Chepe" Santacruz, Miguel Rodríguez y Gilberto Rodríguez.

175

Decían los hombres más allegados a mi padre y a mi tío Miguel que ellos tenían sus códigos y sus cosas para que nosotros no nos enteráramos de muchas cosas desgraciadamente, pues todos los amigos de ellos eran amigos de nosotros también y muchos de ellos eran amigos más de nosotros que de ellos, entonces, en una ocasión escuché en una reunión que de todos modos, se habían también dado 2 millones de dólares para la otra campaña, o sea la de Andrés Pastrana Arango por si ganaba. Entonces supe en esa reunión para festejar un cumpleaños de mi madre en la que estaba Guillermo Pallomari, que también se dio dinero para que los candidatos que pedieran en la primera vuelta, como el propio Antonio Navarro Wolff, motivaran a sus adeptos a votar por Samper.

Hubo un momento en que no los veíamos casi, y las fiestas se pararon, él no iba a las fiestas, a la última reunión fue para un campeonato del América, se hizo en un sitio en la vía a Jamundí, al frente de la sede del América, ese día vi a mi padre hacia tiempo no lo veía, andaba muy escondido, y protegido con más de 50 carros, mucha gente, más de 100 escoltas, entonces no teníamos esa oportunidad o sea nosotros nos enteramos de todo porque era tanta gente alrededor de nosotros que la gente nos contaba abiertamente lo que pasaba creyendo que nosotros como hijos sabíamos todo y no era así. Pallomari era uno que llegaba a verlos porque ellos ya estaban escondidos. Nosotros íbamos a verlos con los ojos vendados, a nosotros también siendo sus hijos también nos llevaban con las gafas negras, con las gafas ahumadas, no se veía nada y ya en el lugar, se encontraba uno con su secretaria la negrita de siempre que era la muchacha, que además siempre le cocinaba y Pallomari ahí.

Uno se sentaba ahí a esperar, porque metía una persona tras otra a su despacho y a veces se demoraba. Mi tío se levantaba muy tarde, entre las 12 y la 1 p.m. y entonces uno allá, desde las nueve de la mañana, oyendo repicar esos teléfonos ayudando a contestar teléfonos. Una vez que me quedé, entre nueve a doce del día contesté más de 300 llamadas

de todo el mundo. Pallomari hablaba, "no amigo el patrón no se ha levantado, se deben llevar tantos millones a tal parte, y hay que atender a este señor que viene de yo no sé donde" o sea uno se enteraba así quisiera o no quisiera, se enteraba de todas las cosas porque esa gente que trabaja con ellos eran intermediarios de todo eso porque ellos personalmente ya tenían muy cerrado el camino y ya la policía y los estamentos que no estaban comprados por ellos los perseguían y sobre todo los gringos.

MIS BUENOS MOMENTOS CON MI PADRE

Estábamos en su finca que tenía en Silvia, Cauca, era la primera finca que teníamos con piscina, con cancha de fútbol, con cancha de basketball, con todo, con caballos con una gran extensión de tierra, allí estuvimos en esa ocasión cerca de 15 días, eso fue para el terremoto de Popayán, a nosotros nos tocó el terremoto de Popayán y duramos 15 días allí porque la carretera estuvo cerrada ocho días, el paso estaba restringido, entonces nos tocó compartir más de la cuanta y ahí por primera vez vi a mi padre como un padre, jugando fútbol con nosotros y me daba pata porque yo jugaba bien, y me tiraba indirectazos, así pude por lo menos una vez en la vida estar ocho días seguidos con mi padre y ver su trato tan especial para con mis otros hermanos y comparaba con respecto al trato que me dio a mí y traté como de asimilarlo finalmente pensé, yo vivo en Estados Unidos y ellos están más cerca de él aquí en Colombia y bueno logré que él me conociera, supiera mi forma de pensar que yo era un rebelde y que a mi no me importaba ese poderío que él estaba adquiriendo, le hice saber que yo quería sobresalir por mi mismo.

Yo sabía que él me estaba dando el estudio en Estados Unidos, que me había enviado a Londres a aprender el idioma ingles pero lo que yo quería era sobresalir por mí mismo.

ESCUELA MILITAR DE CADETES

A la escuela entro por que perdí cuarto bachillerato, en el Colegio León XIII, de Bogotá, perdí el año por estar jugando billar, de vago, entonces mi papá me mete a la Escuela Militar de Cadetes José María Córdova de Bogotá, ahí nos ayudó un Capitán de apellido Millán, amigo de mi papá, Millán luego fue general y en la escuela hice muchas pilatunas. Yo pagaba 600 pesos mensuales y los hijos de los militares no pagan mensualidad, entonces ese control lo llevaban mes a mes en unas libretas y cada hijo de militar le trazaban una línea en color rojo atravesada de lado a lado de la página, un día se descuidó el Capitán Bahamón Dussán en la oficina y busqué el libro y me puese la raya y nunca mas volví a pagar mensualidad, la plata me la comía toda y al otro año hice lo mismo, cuando mi papá mandó por el diploma no me lo dieron porque debía dos años de mensualidad, pues yo me había robado la plata.

En otra ocasión, mi papá nos ayudó para la rifa de un Simca y sacamos boletas de cuatro cifras para recolectar, fondos eran 2.500 boletas con cuatro números cada una. Mi papá nos ayudó con la compra del carro y nosotros luego le devolvíamos la plata y resulta que mi papá en su oficina de la avenida 19 de Bogotá, me dijo "déjame la mitad de las boletas que yo se las ayudo a vender", la otra mitad me la llevé para entregarle a cada cadete para que ayudaran a vender. Se vino el día de la rifa y llamé a mi papá y le dije papa como tú tienes buena plata del carro, entonces te debemos tanto, ¿de que me estás hablando? de la rifa que juega esta noche, le contesté a mi padre. A mi papá se le había olvidado vender los talonarios y ya eran las seis de la tarde y jugó la rifa y él con la mitad de las boletas no se la ganó, le tocó pagar el carro, él lo compró. Yo salí de subteniente con cédula militar en la Escuela José María Córdova. Mi papá como era amigo de Millán, me pidió la baja, yo de rebelde quería seguir, a mi papá le daba miedo que yo estuviera haciendo carrera militar, yo era de la banda de guerra, platillero y mi papá supo que para el grado del hijo del General Matallana, yo iba de platillero de ese acto, mi papá fue a la graduación de sexto, yo me había metido y me enseñaron, yo llegué a ser platillero mayor. Mi padre dijo y mi hijo es platillero y se salvó de cargar ese fusil y habló con el Capitan Millán y ese día me hicieron poner fusil, el día de la graduación me tocó con fusil y morral y ese solazo, me hizo quitar de la banda de guerra, yo ya había prestado todo, el morral, la riata, todo eso fue tres horas antes de empezar el desfile, mi papá se reía, él me había echo todas esas jugadas.

Un día, me hice amigo de los alférez y del Teniente Cerquera, que era del tercer pelotón que era de la r a la z, por abecedario. Me hice amigo del Teniente y le dije vámonos, de farra, pues nos daban salida el sábado a las tres de la tarde hasta el domingo a las 8 de la noche, me llevé dos alférez al teniente Cerquera y cuatro cadetes, nos fuimos para una casa de citas ahí en la calle 45 con séptima, año 1976, nos metimos a tomar aguardiente y plata no teníamos, la cuenta eran 30.000 pesos yo le dije la próxima semana le pago. Cuando en la oficina de mi papá en la avenida 19, y dice ¿buenas tardes don Gilberto?, le dice la secretaria, ¿usted quién es? Es que vengo de parte del hijo de Don Gilberto, Fernando y la loca se sienta y don Gilberto le dice que qué se le ofrece y la loca le dice: es que vengo con esta cuentita de su hijo, mi papá toma el documento; diez botellas de aguardiente, Marta tres veces, Mariela dos veces, etc. Mi papá le pagó y me dejó de hablar como seis meses, me perseguía para pegarme y yo me le volaba, y la cuenta la guardaba y cada vez que se acordaba se la mostraba a mi mamá y le decía, mira ese es el hijo que vos tenés, lo pasa donde las putas. La loca, al salir, le dice Don Gilberto allá lo espero cuando quiera ir y se marcha.

VIRGINIA VALLEJO

Virginia Vallejo fue amante de mi papá mucho antes de ser amante de Pablo Escobar, yo me acuerdo que estaba en tercero de bachillerato, estamos hablando más o menos del año 1972 ó 1973. Mi padre iba con Virginia Vallejo y me invitó a una corrida de toros, en Bogotá, en la Plaza La Santamaría, donde toreaba el famoso Palomo Linares. Fuimos a una barrera de la plaza de de toros, con tan mala suerte para mi padre, pues su mujer Miriam esa noche estaba viendo el noticiero, y como Virginia Vallejo era una mujer famosa y linda, los noticieros la enfocaron en una toma al público que había asistido a la plaza y precisamente le hicieron un primer plano a Virginia muy sonriente al lado de mi papá. Ese hecho que observó muy atenta desde su hogar Myriam, la mujer de mi papá, le costó a él una echada de la casa de la muy brava Miriam. Porque doña Miriam era muy brava.

Virginia Vallejo en el ocaso, después de ser amante de Pablo Escobar, visitaba a mi padre cuando él estuvo detenido en la cárcel de Carabanchel es España. Luego se enamoró de Jorge Barón, quien había sido socio en su productora de televisión con Pablo Escobar. Pablo fue el hombre que aportó el dinero para la compra de esos equipos de televisión. Ese fue el inicio de la "patadita de la buena suerte", tanto que la Dian nunca se percató de esta voluminosa transacción financiera.

GUSTAVO ÁLVAREZ GARDEAZÁBAL

El escritor colombiano Álvarez Gardeazábal ha sido un reconocido periodista escritor y político, sus ideas críticas de pronto no lo han dejando llegar a cargos más altos que gobernador, como al Senado de la República. Álvarez Gardeazábal siempre tuvo una relación directa con los miembros del Cartel de Cali, pues él colaboró con algunos escritos cuando mi padre estaba preso en España. El exitoso escritor vallecaucano de esa gran novela Cóndores no entierran todos los días, *entre otras, ayudó a redactar unos memoriales que se tenían que enviar a las cortes de España y colaboró en la corrección, en su redacción, por eso en agradecimiento en su campaña política siempre fue apoyado por la familia Rodríguez Orejuela y de hecho él cae en el Proceso 8.000, por unos cheques.*

CLAUDIA BLUM

Claudia Blum era la esposa de Francisco Barbieri, representante de la alta sociedad caleña. Barbieri no pudo llegar al Congreso de la República, como era su deseo. Ella, Claudia Blum y Gilberto Rodríguez Orejuela, mi padre, fueron socios y dueños de la empresa Tecnoquímicas. La empresa la constituyeron los señores Barbieri, Gilberto Rodríguez Orejuela y la ex Presidenta del Senado de la República de Colombia, Claudia Blum.

Ella posteriormente le vende al propio Barbieri su parte y el esposo de Claudia Blum, le cede unas acciones a mi papá Gilberto Rodríguez, para que mi padre quede con un 51 por ciento de Tecnoquímicas. Nosotros como familia alcanzamos a vender ese 51 por ciento antes de que Estupefacientes la cogiera porque nos estaban quitando todas las propiedades. En ese momento mi papá tenía el poder de Tecnoquímicas por medio de un testaferro, por eso en las escrituras de la conformación de la sociedad que hicieron Barbieri, Claudia Blum, no aparece el nombre Gilberto Rodríguez.

Claudia Blum estuvo en dos o tres ocasiones en nuestras reuniones sociales, ella asistió al matrimonio de mi hermano y en el álbum familiar del matrimonio están las fotos con ella. Un día mi padre ya perseguido, la manda a llamar para que le explique por qué está a favor de la extradición siendo que ha sido amiga de él y socia de él. La cita fue en el Hotel Intercontinental de Cali, Claudia Blum muy nerviosa le dice que ha cambiado su pensamiento y posición política acerca del narcotráfico y que su partido, el Partido Liberal, va a votar a favor de la extradición, mi padre se queda perplejo mirándola y le dice: Claudia, mija ya sabe en lo que se está metiendo y ella inmediatamente salió a la carrera muy asustada y en el parqueadero del hotel se le varó su carro blindado y se tuvo que montar en el carro de sus escoltas, nosotros le observábamos todos sus movimientos desde la ventana de la habitación que tenía mi papá en el hotel, desde allí vimos como se largó rumbo al aeropuerto, supremamente asustada.

Claudia Blum, cambió su perspectiva frente al fenómeno del narcotráfico y ella como caleña, política que se había beneficiado directamente del ilícito negocio y de Gilberto Rodríguez Orejuela, el jefe máximo del Cartel de Cali, fue una de las congresistas que más presionó desde el Senado de la República la extradición de los hermanos Rodríguez Orejuela. Que ironía y cinismo.

"CHEPE" SANTACRUZ

José "Chepe" Santacruz, era un personaje medio cómico, mas bien, melodramático, era un tipo muy estricto en su personalidad como bandido, ese no perdonaba a nadie, "Chepe" mandaba a matar al que fuera, él había gemeliado un carro de la cárcel, un trooper azul con vidrios oscuros, había pagado en la cárcel de La Picota para safar los tornillos de los vidrios donde iban los jueces sin rostro ese era una última opción que tenían Gilberto, Miguel y "Chepe" Santacruz para volarse en caso de que no pasara lo de la extradición sin retroactividad o sea que la extradición fuera plena. Mi padre, mi tío y Santacruz, tenían pensado volarse, ellos tenían esa estrategia del tropper para los tres, pero esa vía sería utilizada como última opción, pero "Chepe" no aguantó el encierro y se voló él solo. De "Chepe" Santacruz hay muchos datos anecdóticos para contar, jodia mucho a mi papá y a mi tío, a mi padre le gritaba cuando llegaron al patio de alta seguridad ahí en La Picota, ¡Gilberto no te vas a perder porque necesito hablar con vos! "Chepe" planeó su propia fuga, porque en el patio de él habían 54 internos y en el patio vecino habían 26, entonces Santacruz mandó a traer un tipo del otro patio con el pretexto de que el tenía un sanitario malo y le dijo ¡ve yo te pago cien mil pesos y me arreglas el inodoro y te quedas en la celda trabajando mientras yo voy de visita a otra celda!, entonces a la hora de la contada de los reclusos dio completo el patio y no se despertaron sospechas porque estaba el tipo que le estaba arreglando el inodoro, entonces Santacruz se vuela y pide protección a la gente de Carlos Castaño Gil, el jefe de las Autodefensas, desición que precipitó su trágica muerte.

El fiscal Villa, su abogado asesinado en Cali, fue la persona que reclamó el cuerpo de Santacruz, "Chepe" fue torturado le habían puesto unos clavos en la cabeza y le habían puesto las esposas de los dedos que son para tortura, lo que se supo fue que lo tuvieron amarrado, lo hicieron entregar unas propiedades que tenía en toda Colombia y 200 millones de dólares en efectivo que tenía encaletados.

Posteriormente un ex cuñado de Carlos Castaño, Emiro Pereira, me lo confirmó en la cárcel cuando estábamos presos en Combita, me dijo que Carlos Castaño había asesinado a "Chepe" Santacruz, y este hecho en el mundo del hampa fue calificado como un secuestro extorsivo a gran escala y lo que decían era que Santacruz estaba negociando con los gringos y que por eso fue sacrificado.

KAREN MARTÍNEZ

Karen Martínez, la mujer del mundialmente famoso cantante antioqueño Juanes, fue por más de dos años la novia de mi hermano André, ellos iban seguido a la cárcel a visitar a mi papá. Mi hermano André Rodríguez Ramírez, Ingeniero Automotriz de la Universidad de Boston, quien fue corredor de Karts con Juan Pablo Montoya, es hijo de Myriam. Cuando terminaron Karen se casó con el cantante Juanes. Ella fue a la cárcel de la Picota y luego a Palmira a visitar a mi padre en muchas ocasiones.

Yo no tengo nada contra Juanes, su música me encanta, pero quiero que la sociedad sepa que nadie está por fuera de esto, nosotros fuimos personas normales hicimos una vida social y este es un ejemplo.

NATALIA PARÍS

En esa carrera tan destacada que tuvo la modelo paisa Natalia París para llegar a ser la mejor modelo de Colombia, cuando ella era muy joven y apenas estaba despuntando conoció diferentes personajes, entre ellos varios reconocidos narcotraficantes y supe por informaciones y comentarios de ellos que ella se enamoró de un narcotraficante que todos conocimos de nombre Fierro, quien terminó siendo el papá de su única hija, pero lamentablemente Fierro, quien vivía en los Estados Unidos por tener unas antiguas deudas de drogas en Medellín, un día cometió el error de regresar a esa ciudad y nunca más se supo de él.

Yo personalmente la pude conocer, a Natalia París, en la isla de San Andrés un día que se estaba bronceando su bellísimo cuerpo en el solitario Acuario frente a San Andrés en 1993. Ella estaba acompañada solamente por su peluquero que, generalmente, la asistía en su maquillaje.

Yo me encontraba dando una vuelta a la isla en un pequeño yate en compañía de un reconocido narcotraficante que estaba construyendo en la isla, cuando llegamos por azar a la isla Acuario. Él se sorprendió al ver que la bellísima mujer que estaba tomando el sol era la modelo paisa; entonces me dijo: "Mira es Natalia París, y yo hace mucho tiempo he querido conocerla, ¿qué debo hacer para ser su amigo?". Yo le dije: "Habla con el peluquero que está al lado de ella y que siempre la acompaña".

Mi amigo narcotraficante esa misma tarde contactó al peluquero y le ofreció una suma importante de dinero para que le presentase a Natalia París. El peluquero, ante tan generosa oferta, concertó una cita de ellos dos para que cenaran esa misma noche. Mi amigo salió a cenar con ella y después la llevó a su casa propia en San Andrés para rematar en una inolvidable noche. Unos años después me encuentro con él y me cuenta que esa fue la noche más inolvidable de su vida, pues realizó el sueño de salir con Natalia París.

EL PADRE URIBE

El padre Uribe era antinarco. La Universidad San Buenaventura era dirigida por un padre de apellido Correa a quién secuestraron y nunca volvió a aparecer en Cali, se lo llevaron, él era muy amigo de los Rodríguez. Cuando yo llego de Francia en el año 1989, me mira mis notas y me nivela en quinto semestre y él me dice que el arreglaba eso, el esta toda carrera y yo me voy a graduar en el año 1991, yo le hice la tesis a Supertiendas La Rebaja, que mi hermano Humberto gerenciaba y le hago el Manual de Manejos y me la aprueban y vamos a presentar papeles. Se acaba el semestre y el padre Correa se fue en febrero del año siguiente, voy por mi grado y me dicen vea, pero usted aquí debe cuatro semestres, y yo les expliqué lo que había arreglado con el padre Correa y me dijeron, no señor el Padre se fue y yo soy el nuevo rector, el padre Uribe, ¿y usted quién es? Me dijo la secretaria que era muy amiga mía, que el nuevo rector era antinarcos y el tipo no me deja graduar.

El nuevo rector no me entrega el diploma y me toca meter una tutela para que me entreguen mi grado porque supuestamente no había homologado los dos años. Cuando yo salgo ya habían pasado los dos años para homologar notas del extranjero, allí pierde toda vigencia, entonces cuando yo caigo en la cárcel y me mandan a la cárcel de Calarcá, yo quiero estudiar a distancia en la Universidad del Quindío. Iba a estudiar Regencia de Farmacia, mandan el pensum y me dijeron que trajera las notas para que me homologaran unas materias para graduarme mas rápido, y mando a una persona donde el padre Uribe, el rector y dijo que la universidad no le entregaba notas a detenidos y menos por narcotráfico.

Entonces yo le echaba madres, a ese padre le enviaba cartas, lo entutelé y en el 2005 lo apresan por lavado de activos como por mil millones. Ahí está con detención domiciliaria el que era el famoso antinarcos. Su foto con nosotros está en este libro.

FIESTA CON JUAN GABRIEL

Mi padre, Gilberto Rodríguez Orejuela, estaba cumpliendo 50 años de vida, Martha Lucía Echeverri la esposa de mi tío Miguel, con esa conmemoración quiso inaugurar una finca linda que queda en el kilómetro 30 vía al mar, cerca de Cali, esa finca entre sus curiosidades tenía una hectárea sembrada en árboles tipo bonsái, ella era experta en ese arte.

La finca tenía una cancha de fútbol profesional, piscina semiolímpica, tenía habitaciones para albergar 20 ó 30 personas cómodamente alojadas y le había comprado un equipo de sonido gigantesco.La hacienda tenía todas las comodidades que podía sostener capo de cartel, como mi tío Miguel, entonces Marta Lucia para el cumpleaños de mi papá le preparó una sorpresa, que era la actuación especial del mundialmente famoso cantante mexicano Juan Gabriel.

Al cantante lo trasladaron desde Miami en vuelo charter rumbo a Cali y de la capital del Valle lo llevaron en helicóptero directamente a la finca en el kilómetro 30 de la vía al mar. Una vez se hizo presente el cantante inició su show artístico delante de un grupo selecto privado que la ex reina había citado para celebrarle a mi padre su medio siglo de vida, Juan Gabriel muy amable con toda la gente, muy querido comenzó a ingerir champaña codo a codo con los invitados, ya el cantante con el paso de las horas y de las tandas musicales inició a mostrar sin reservas su excesivo amaneramiento y "Chepe" Santacruz, le brindaba cada vez más champaña Cristal al famoso Juan Gabriel.

En uno de los recesos y cuando Juan Gabriel se preparaba para una nueva presentación musical, José "Chepe" Santacruz, le dice mire Juanga, cántale tal canción a Gilberto que esa es su canción favorita, ese sería el mejor regalo para Gilberto en esta fecha tan especial y cuando finalice te acercas a él y le das un beso, insinuación a la que el afeminado cantante mexicano accedió con gusto ya en medio de su avanzado estado de alicoramiento.

Juan Gabriel toma el reto como algo personal y hace la mejor de sus presentaciones en la noche, caminando por entre las mesas de los invitados quienes observaban con atención la estelar actuación del ídolo mexicano. Juan Gabriel, al finalizar la canción, se acercó de a poco a donde estaba mi padre, quién lo observaba atentamente igualmente extasiado por el arte del cantaautor "manito". De pronto Juan Gabriel queda junto a mi padre le pone una mano en su hombro, toma aire y remata con todos sus pulmones la emotiva canción, y cuando la sala se cubría de sonoros aplausos y vivas incluidos los de mi padre, Juan Gabriel se agacha y le clava un sentido beso a Gilberto Rodríguez Orejuela, quien sumamente sorprendido y confundido la emprende contra el mexicano, ante la risa de "Chepe" Santacruz y el asombro de los asistentes.

Ahí fue Troya, mi padre quería matar a Juan Gabriel por la afrenta pública de la que había sido objeto, la gente corrió a quitarle al cantante de las manos de mi papá, mi padre gritaba enfurecido e insultaba al cantante quien tuvo que ser sacado de inmediato de la finca directo al aeropuerto para huir de la furia de Gilberto Rodríguez Orejuela. La fiesta culminó en medio de murmullos y comentarios, mi padre se esfumó, sólo quedó "Chepe" Santacruz con unos allegados 'muertos' de la risa comentando la pesada broma que le había jugado a su socio y amigo. La fiestas de mi familia las amenizaban grupos artísticos internacionales famosos, a las fiestas de los niños de la familia traían al Chavo del Ocho y todo su elenco, trajimos al Gran Combo de Puerto Rico, estuvo con nosotros Óscar de León, Rikarena, Albita Rodríguez, Guayacán Orquesta, el Grupo Canela. Yo tuve en la fiesta de mis cuarenta años a Son 14, una de las grandes orquestas de Cuba.

Mi papá se tomaba unos tragos y de pronto bailaba unas 4 ó 5 piezas y se arrebataba era pues de esos salseros de arrebato y de dar vueltas y de mostrar sus dotes de bailarín, pero era de pocas piezas. A mi tío, en mis 45 años que estuve con él, lo vi bailar una sola vez, él se sentaba era a tomarse sus tragos y a charlar, ellos eran de mucha filosofía, de hablar mucho y también tenían su humor negro y hacía chanzas, pues el grupo de ellos era muy selecto para tomar.

Los Rodríguez Orejuela nunca pensaron que iban a terminar en una cárcel de Estados Unidos, ellos en medio de su opulencia creyeron que con el dinero podían comprar todo. Se murió Pablo Escobar el 2 de diciembre 1993, pasaron tres años para que los capturaran a ellos quienes estaban en la clandestinidad, en la cárcel lucharon por salir, mi padre alcanza a estar seis meses libre y nunca creyó que los gringos le fueran a echar mano, ellos sintieron que pagando su pena en Colombia ya podían ser hombres libres. Cuando les dan la orden de extradición meten todo el dinero que pueden con abogados para tratar de frenar la medida, pero no sirvió de nada: y a mi papá Gilberto se lo llevaron el 3 de diciembre 2004; un mismo 3 de diciembre que once años atrás en Medellín se estaba enterrando a Pablo Escobar. Y a mi tío Miguel en enero de 2004.

ANÉCDOTAS SOBRE EL FÚTBOL

EDUARDO PIMENTEL

El ex futbolista colombiano Eduardo Pimentel llega al América de Cali con toda su prepotencia, propia de su recia personalidad, un hombre triunfador, con alguna chequera buena, amante de lo bueno, venía del club Los Millonarios del narcotraficante Gonzalo Rodríguez Gacha, Pimentel estaba acostumbrado a los carros lujosos y a todo lo bueno. El jugador llegó al América en una época donde habían otros grandes cracks, como los argentinos Gareca y Falcioni, los colombianos Pedro Sarmiento,

Hernán Darío Herrera y el peruano ex mundialista Julio César
Uribe, entre otras estrellas del fútbol suramericano.

Pimentel, era parte de ese equipo de rutilantes figuras y
ya allí, no sobresalía tanto como en su época con Los
Millonarios. Por ese entonces el América entrena en la cancha
de Cascajal y en la de Jamundí, a los entrenamientos asistía
diariamente un grupo nutrido de hinchas, dirigentes,
empresarios, gente destacada de la vida social de Cali, capos
del narcotráfico y narcos de poca monta porque eran
americanos y además amigos de mi tío Miguel, el mecenas
del club rojo. La gente hablaba con los jugadores, se hacían
amigos en medio de los descansos de las jornadas de
entrenamiento, allí la gente invitaba a los jugadores a las
fiestas de ellos. Un día cualquiera un narcotraficante le contó
a Eduardo Pimentel que iba a hacer una vueltita, que aun
tenía un cupito para llevar a otras personas en el envío de la
droga al exterior y Pimentel se arriesgó con una platica que
tenía, las cosas no salieron bien y el cargamento se cayó,
entonces el señor Pimentel me pidió ayuda a mi, yo le decía
que no tenía nada que ver con el narcotráfico y que si él se
había metido era su problema. Yo le dije que él era el único
responsable para que eso hubiera pasado, yo fui a hablar
con él y le dije que yo no podía hacer nada por él, entonces
me dijo que yo era un hijo de puta.

Días después yo fui al apartamento del edificio
Conquistadores donde vivía, fui con varios escoltas y armado,
cuando Pimentel bajó del ascensor me vio armado y todo, y le
dije que quien era el hijo de puta y no fue capaz de responder,
del susto se montó otra vez al ascensor y llamó a mi tío Miguel a
decirle que yo lo iba a matar. Mi tío me llamó, a regañarme, que
como era posible que yo fuera a amenazar a un jugador del
América y eso, yo le expliqué la situación de lo que había pasado,
le dije que el jugador se había puesto a traficar con narcos de
poca monta, mi tío me dio la razón, pero me dijo que me quedara
callado, y que por favor no le fuera a hacer nada al tipo. El

tema fue de conocimiento de algunos otros jugadores, hacía carrera ya én el América de Cali que narcotraficantes allegados al equipo invitaban a los jugadores a invertir algún dinero en las rutas que ellos tenían, para que económicamente mejorara su situación, pero eso era pues a espaldas de mi tío Miguel. Los narcos pequeños hacían esto para congraciarse con los jugadores, y con el equipo, y para que ellos tuvieran un dinero extra, y lucharan más y ganaran campeonatos.

HERNÁN DARIO HERRERA Y PEDRO SARMIENTO

Pedro Sarmiento y Hernán Darío Herrera, vivieron una historia trágica, un hecho lamentable de luto, una historia donde hubo muertos. El América contrata a Pedro Sarmiento y a Hernán Darío Herrera ellos van del Atlético Nacional para el equipo rojo de Cali. En ese entonces la guerra entre Pablo Escobar y los Rodríguez Orejuela. estaba muy intensa. Llegar ellos al América procedente de un equipo de Medellín donde Pablo era el rey, era asunto delicado. Cuando América jugaba en Medellín, se determinó que los jugadores Sarmiento y Herrera, indiscutidos titulares en el medio campo del club americano, no deberían viajar a la capital antioqueña para salvaguardar sus vidas, porque tenían miedo que les hicieran un atentado.

En alguna ocasión nuestra gente contratada para hacer "inteligencia" nos informó que Pablo Escobar tenía listo un comando de sicarios para atacar el bus del América, por eso en alguna ocasión el técnico Ochoa trató de hablar con Pablo Escobar para que eso no fuera a involucrar, unos jugadores inocentes, que no tenían nada que ver en esa guerra, realmente nunca sucedió.

Pablo Escobar, nunca les perdonó a Herrera y Sarmiento, que hubiesen fichado para el equipo de sus archienemigos. En unas vacaciones de los jugadores, Pablo los mandó a recoger, les mandó una gente, unos sicarios y los cogieron, y se los llevaron al escondite donde estaba Pablo, y los sentó en un escritorio y les hizo saber que estaba muy bravo con ellos por lo que habían hecho, les dijo que el consideraba eso como una gran ofensa, que no podía ser que se fueran para el equipo de su enemigo número uno Gilberto Rodríguez y del enemigo número dos Miguel Rodríguez. Hoy les perdono la vida, les dijo Pablo Escobar, pero les indicó que debían volver a Cali como informantes de él, y les dio unos números telefónicos para que le informaran periódicamente en donde se encontraban sus nuevos patrones para poder enviar los sicarios para ultimar a los capos del Cartel de Cali.

Herrera y Sarmiento le dijeron en ese momento a Pablo que harían caso a su petición, pero una vez regresaron a Cali llegaron a solicitarle protección a mi tío Miguel Rodríguez, y le contaron que Pablo los había tenido secuestrados, y le contaron todo lo que pasó, entonces mi tío les dio protección, les dijo que sacaran toda la familia que tuvieran en Medellín, y ellos dieron la orden de sacar toda su familia de la capital de la montaña. Pablo Escobar se alcanzó a dar cuanta de la orden que habían dado Sarmiento y Herrera (estaban casados con dos hermanas) y en una sangrienta reacción alcanzó a matar a los suegros de los jugadores americanos y a algunos otros miembros de las esposas de Herrera y Sarmiento, entre ellos a unos primos y al abuelo, le mató siete u ocho personas de la familia, pero los demás lograron escapar, unos en bus, y otros hasta en moto llegaron a Cali. A mi tío le tocó asumir el costo de toda esta gente, su estadía en Cali. Cuando es asesinado Pablo Escobar, Sarmiento y Herrera vuelven a Medellín, recuperan las propiedades que tenían allá y quedan, además, con las propiedades de Cali que mi tío les había obsequiado en la Ciudadela Pasoancho en la 81, ahí le regaló de a casa a cada uno para que vivieran, y pudieran pasar con alguna seguridad el momento difícil por el que pasaron.

FRANCISCO "PACHO" MATURANA

Bueno, el técnico Francisco Maturana llega al América y le brindan todos los beneficios que en su momento le ofrecieron al doctor Gabriel Ochoa Uribe, y en general las facilidades que habían tenido todos los técnicos que habían pasado por el América, que era un trato supremamente especial de parte de los propios jefes del Cartel de Cali.

Los Rodríguez querían ver a su equipo ganador, entonces de entrada le regalaron a Maturana un carro un Toyota MR2 turbo, de color rojo, vino tinto, lo pusieron a vivir en la exclusiva Ciudadela Miramonte, donde habían 12 ó 14 casas no más, sitio ubicado cerca de las universidades más prestigiosas de Cali, esa casa se la entregan libre de costo, se la cedieron completamente amoblada, le colaboraron con todo, además, atendían los caballos del ex técnico de la Selección Colombia y del Valladolid de Madrid. Algunas de esas yeguas corrían en el hipódromo, que era de los Rodríguez.

A Maturana lo consienten los Rodríguez tanto que en las fiestas, siempre le colocaban al negro whisky Chivas 21 años, era fino el chocoano en sus exigencias, cuando no quería whisky bebía sólo champaña Cristal. Maturana era un negro de paladar refinado, realmente tuvo más privilegios que los técnicos anteriores, él finalmente se queda con algunos caballos de los que tenían los Rodríguez Orejuela en el hipódromo, porque cuándo Maturana se retiró y fue por sus caballos se llevó, además, unos de mi tío Miguel y mi tío jamás se los reclamó.

HISTORIA DE LOS PENALTIS SIN BALÓN

Cualquier día mi papá se encontraba tomando trago con el ex técnico de la selección Colombia de fútbol y del club América de Cali, doctor Gabriel Ochoa Uribe, con ellos estaban dos señores, entonces los señores hicieron una apuesta para ver quién pateaba mejor los penaltis, entonces mandaron a prender las luces de la cancha de fútbol de la finca donde estaban tomando licor y mandaron a buscar el balón con el mayordomo, este llamó a su hijo y el niño le dijo que el balón se había perdido, que se había ido para otro potrero y el balón no apareció. No don Miguel, a mi hijo se le perdió el balón, le dijo el mayordomo a mi tío, entonces dijeron en medio de la farra, no hay problema, aquí esta el doctor Ochoa que él sabe de fútbol y él sabe como patea uno, con qué parte del pie uno le da y él dice si fue gol o no fue gol.

Entonces se ponen a patear penaltis sin balón, y el doctor Ochoa decía cuando había sido gol y cuando no y ya cuando iban 11 a 11 mi tío les dijo no señores nos vamos, se acabó el partido el doctor Ochoa estaba asustado porque los señores habían apostado cien millones cada uno y mi tío Miguel dijo, no, paren eso y se los llevó a la finca a seguir tomando trago.

LA "MECHITA": EL AMÉRICA DE CALI

Las alineaciones del América las ayudaba a hacer mi tío, mi tío ponía a los jugadores que traía, trajo a Falcioni y a Gareca y le decía al doctor Ochoa me los tenés que poner así estén bajos de forma la hinchada está esperando y Ochoa berraco y mi tío metía la mano y cuando iban perdiendo mi tío se bajaba al camerino y les decía hay 50 mil dólares, ustedes verán si pierden y si pierden les quito la mitad del sueldo. En un clásico les doblaba los premios, la plata la ofrecía por medio de Pedro Sarmiento, hoy técnico de Santa Fe.

Un día la reina de Colombia fue a hacer el saque de honor y doña Beatriz Uribe de Borrero era la gerente, la señora era muy cabalística, prueba de ello era que Gareca le decía a mi tío Miguel che esa vieja me echa una cosa toda dulce. En otra ocasión mi tío mandó a traer la reina para la final del año 1993, mi tío tenía un carro Mercedes Benz, último modelo, descapotable blanco, un 280 y le quitaron la capota y la reina subida ahí por toda la pista de tartán del estadio Pascual Guerrero de Cali, la vieja Beatriz llamó a don Miguel y le dijo venga que pasó mijita le dice mi tío, don Miguel la última vez que esa reina estuvo por acá el equipo perdió. Bajen esa hijueputa de ahí mandó mi tío Miguel, y la bajaron enseguida y la mandaron para la tribuna, dona Beatriz tenía mucha ascendencia sobre mi tío, era una señora llena de cábalas.

CÓMO NACIÓ EL CARTEL DE CALI

El cartel de Cali tuvo inicio con un personaje llamado José "Chepe" Santacruz, este señor trabajó mucho tiempo en Estados Unidos con el seudónimo de Santiago Campo, allí se asoció con varios hombres y empezaron a introducir droga en pequeñas cantidades, poco a poco fueron creciendo y fueron fortaleciéndose, en un momento dado conoció a Gilberto Rodríguez Orejuela. Mi padre, que para ese entonces, ya era un hombre ambicioso, duro e intrépido desde joven, yo recuerdo que había llegado a sacar a su propio padre es decir, a mi abuelo de su casa porque no le servía, porque no llevaba el dinero suficiente a la casa y porque estaban aguantando hambre, entonces mi padre era emprendedor desde muy pelado trabajó desde los 12 ó 13 años, laborando en oficios varios, sobre todo con la bicicleta haciendo domicilios.

En Ese tiempo conoce a "Chepe" Santacruz, conoce a ese personaje emprendedor y mi padre comienza a tomar confianza con Santacruz e inicia a darle ideas, entre ellas masificar el envío de droga al exterior en maletas, ya que para aquella época se enviaba demasiada droga en maletas porque las aduanas y los controles de los americanos eran muy y precarias, entonces "Chepe" Santacruz y mi padre comenzaron a masificar los envíos de droga para los Estados Unidos y llegado el tiempo le propuso a mi padre que fueran socios.

Esa sociedad llegó a convertirse con el paso del tiempo, en lo que el mundo conoció como el Cartel de Cali, era una organización de personas que estaba y actuaba al margen de la Ley. En un momento dado, Gilberto Rodríguez manejó toda la organización y "Chepe" Santacruz se desligó un tanto del asunto y dejó en mi padre la responsabilidad de la organización y las cosas salían muy bien, los negocios progresaron rápidamente, el kilo de coca en esos momentos en Estados Unidos, estaba entre 65 y75 mil dólares, estamos hablando de los años 70, entonces un cargamento de cien kilos era como hoy coronarse mil kilos porque la utilidad de cien kilos era lo mismo. Mi padre llegó a ser un hombre de grandes negocios, ese apodo de "El Ajedrecista" no le fue dado por cualquier cosa, era por la forma en que el organizaba las cosas y era como un relojito, cada persona tenía un desempeño, como en un tablero del ajedrez, unos podían correr más y otros menos, el juego tiene los peones, tiene los alfiles, tiene las torres, así él también tenía su gente, contaba con los peones que eran los que trabajaban, también gente de alto rango, ejecutivos de bajo perfil, pero estructurados, con educación, con puestos en Estados Unidos, eso hizo que ese Cartel se solidificara.

En esa época Colombia no tenía todas las facilidades como las tiene ahora con los laboratorios aquí mismo y la droga tocaba comprarla en Perú, allí se compraba la base de coca, la base de coca peruana siempre ha sido muy apetecida puesto que dicen los que saben y los cocineros y los químicos que un kilo de base de coca da a veces hasta mas de un kilo de cocaína porque es muy pura, entonces mi padre consiguió todo consiguió la gente que le vendía directamente en Perú. La base la traían acá la procesaban y aquí se enviaba, ya no en maletas, se enviaba en aviones, ya vino lo que se llamó el enchonche de los aviones, que era poner vidones de gasolina adentro del avión con un sistema para que llegara al tanque principal o sea gasolina extra para viajes más largos, la pista más famosa de Perú donde se negociaba eso era la pista de Campanilla, fue por muchos años el centro de acopio y centro de compra de insumo eso era un aeropuerto donde solo se vendía un producto que era la pasta de coca, la droga se comercializaba ahí mismo en la pista y allí llegaban aviones como en cualquier aeropuerto normal atravesaban muchos aviones.

Ya entonces mi padre mandaba su gente: tenía los que recogían, los que guardaban, o sea los caleteros, esos caleteros le entregaban a los vendedores que ya estaban estudiados con su hoja de vida, mi padre ya le había hecho inteligencia a su familia, a esa gente se le entregaban pequeñas cantidades, si llegaban siete se le entregaba a cinco vendedores, porque si se caía uno no perdían todo, entregaba de a veinte kilos, esos mismos tipos recogían el dinero en esa época no habían contadores de dinero no habían máquinas entonces el trabajo se podía demorar un día, dos días, tres días contando porque en esa época la droga que se vendía en la calle, se comerciaba con billetes de cinco, de uno, de veinte, de diez dólares, entonces esa tarea se le daba a otras personas que contaban.

Ese dinero posteriormente iba hacia los bancos, en esa época los bancos eran muy lapsos en sus reglas también y uno podía llegar con un millón de dólares a consignarlos. Ya en esa época mi padre no tenía tan sólo cajeros ahora manejaba directamente a los gerentes, ellos estaban a su servicio y después llegó a comprar un banco que se constituía para sus intereses en un logro enorme para ingresar los dineros de sus multimillonarias transacciones a Colombia, o pasarlo para paraísos fiscales como Islas Caimán, Panamá. El banco Interamerican Bank tenía como una gerente a una funcionaria cubana y después abrió la sucursal en Panamá y vinieron los giros a través del Banco de los Trabajadores donde ellos también tenían el poder por ser sus accionistas.

ANDRÉS PASTRANA ARANGO RECIBE DINERO PARA SU CAMPAÑA A LA ALCALDÍA DE BOGOTÁ

El ex presidente Andrés Pastrana Arango, en su campaña a la Alcaldía de Bogotá pide ayuda por intermedio de un político conservador vallecaucano amigo del Cartel de Cali, este personaje llega a donde los Rodríguez Orejuela pedirle fondos para la campaña a la Alcaldía de Bogotá de Andrés Pastrana. En esa ocasión se le desembolsaron 45 mil dólares, estamos hablando de unos 10 millones de pesos colombianos, que en la época para cualquier campaña política era muy buen dinero. Inclusive mi tío Miguel Rodríguez Orejuela lo confesó a la propia Fiscalía y quedaron declarados esos US 45.000, a favor de Andrés Pastrana Arango, en el proceso judicial antes de ser extraditado.

Ya algunos de nuestros familiares decían y que tal que nos gane Andrés Pastrana, entonces en determinado momento mi padre dice: ¿Y si nos gana Andrés Pastrana que vamos a hacer? o sea no tenemos herramientas, no tenemos nada, porque no le hemos colaborado, de esa campaña no se ha acercado nadie a hablar con nosotros, entonces vamos a quedar desprotegidos, pensando mi padre, que de pronto Samper perdiera en la elecciones, entonces se hacen contactos con Pastrana para entregarle un dinero, dinero que me entere por boca de mi propio padre fue de 2 millones de dólares, ese fue el aporte que el cartel de Cali hizo para la campaña presidencial de Andrés Pastrana Arango. Al principio la gente de Pastrana estuvo muy reacia porque ya existían filtros, no como los tienen ahora en las campañas de Uribe, pero ya habían filtros para las campaña porque Pastrana ya tenia conocimientos que se acercaba el posteriormente famoso Proceso 8.000 que él mismo es el que se encarga de avivar con el sonado caso de los narcocasetes.

La campaña liberal manejó la relación con el Cartel de Cali por intermedio de Fernando Botero y de Santiago Medina, yo estuve en una reunión en una oficina en Cali, en la Avenida Sexta con 23, en un segundo piso. Una mañana recogieron a Fernando Botero y a Medina y los llevaron a esa oficina, yo tenía ese día una cita con mi padre y me tocó esperar que los atendieran a ellos, entonces me enteré de la forma en que iban a repartir esos 5 millones de dólares y como se utilizaría también un dinero adicional para cancelar una deuda en dólares en Estados Unidos por concepto de publicidad.

LOS TENTÁCULOS DEL CARTEL DE CALI

En la época de la guerra entre el Cartel de Cali y el Cartel de Medellín mi papá y mi tío controlaban en Cali hasta la *empresa de teléfonos EMCALI. A mi papá le enviaban todos los días los listados completos de las llamadas que se habían hecho el día anterior de Cali a Medellín y viceversa. Este listado era el mismo que recibía de sus técnicos el propio Gerente de EMCALI. De esa forma, mi papá podía ejercer control con este listado que era un mamotreto grande de hojas.*

También el Cartel de Cali controlaba todos los vuelos que venían a diario de Medellín a Cali, pues mi papá tenía más de 300 taxis que estaban al servicio de ellos; y cuando aterrizaba un vuelo de Medellín sólo los taxis de mi papá podían hacer fila para transportar a los pasajeros que provenían de Medellín. En el camino a sus hoteles o a sus lugares de destino escuchaban las conversaciones de los pasajeros y verificaban si iban a hoteles y pasaban los datos a mi papá.

Cuando eran algunos gomelitos sin oficio definido les caían al hotel, se los llevaban y no volvían a aparecer.

ALIANZA CON FIDEL CASTAÑO PARA MATAR A PABLO ESCOBAR

Cuando se hace la alianza con Fidel Castaño para matar a Pablo se le entregan 10 millones de dólares para matar al capo del cartel de Medellín. Fidel le dice a su hermano Carlos que se haga frente a ese encargo, se crean "Los Pepes" Perseguidos por Pablo Escobar" y se cogen las personas que podrían dar información de Pablo, mi padre le hace tres intentos duros para matar a Pablo, manda un helicóptero artillado con dinamita y otro helicóptero atrás con 8 tipos entrenados por el mercenario israelí Jair Klein, el helicóptero antes de llegar a la hacienda Nápoles en un cerro de 800 metros que le dicen Cerro Sonso se estrella, la dinamita la pensaban arrojar en la hacienda Nápoles y los otros bajaban a capturar a Pablo, eso no resultó, eso fue en el año 1990.

La bomba de Mónaco que la colocó Pacho Herrera, fue una bomba mal puesta, ubicada en un edifico muy bien construido, los Escobar Gaviria vivían en el penthouse, la bomba iba en un carro de 250 kilos para tumbar un edificio. Y el otro viaje se lo hacen en la cárcel de La Catedral, cuando van por él, con el Capitán que iba a trasladar a Pablo para conducirlo a otra cárcel. Ese Capitán iba a matarlo, pues iba con 8 ó 10 soldados infiltrados de "Los Pepes" que tenían como misión matarlo y le iban a mostrar simuladamente al país que había sido un combate, dado que Pablo tenía armas adentro de La Catedral. Pablo no se dejó engañar y el mismo dice por la radio que ese Capitán es de los del Valle y no se deja transportar. Ese encargo al Capitán le costó al Cartel de Cali un poco de plata, pues había infiltrado un hombre para que llevara la orden de sacarlos para otra cárcel. La operación de frustró.

El grupo de "Los Pepes" se puso de acuerdo con alias "El Canario", que colaboraba con mi papá y con "Los Pepes" para apoyar la muerte del Jefe del Cartel de Medellín, pero Pablo Escobar se dio cuenta de que esa colaboración venía de parte del DAS. En retaliación por estos hechos, Pablo Escobar ordena preparar un atentado en contra de su cabeza visible, el Director del DAS.

Un día mi papá llama a "El Canario" y le dice que no vaya a salir de la oficina, porque por cualquier ruta que coja hay más de 16 bombas puestas en Bogotá para que a su paso estallen. "Por la ruta que coja te van a dar", le advierte mi padre, pero éste no creyó y salió rumbo a su oficina, pero se salvó milagrosamente, cuando por azar una buseta urbana de pasajeros se cruzó y recibió todo el impacto de la bomba que estaba prevista para "El Canario", quien providencialmente sale ileso de ese atentado; esto sucedió aquí en la carrera séptima de Bogotá.

Para eliminar a Pablo Escobar mi papá apoya al Cuerpo Élite de la Policía Nacional que persigue a Pablo Escobar. Los Rodríguez Orejuela habían facilitado tecnología que permitiera ubicar y dar de baja al capo del Cartel de Medellín. La ubicación final de la casa donde pasó su último día de vida Pablo Escobar fue detectada por una antena con la que triangularon la *información de una llamada de Pablo a sus hijos Manuela y Juan Pablo, que estaban en Residencias Tequendama de Bogotá.*

Pablo cometió el único y último error de su vida que fue prolonagr la llamada por más de dos minutos, tiempo necesario para la antena rastreara el sitio de origen de la llamada que resultó ser la casa en el barrio Los Olivos de Medellín. Esa llamada rastreada por la antena que donó mi padre al Cuerpo Élite de la Policía Nacional fue el error de Pablo que le segó la vida. Esa antena la trajo mi papá de los Estados Unidos y le costó 2 millones de dólares. Con esa antena el DAS triangulaba las llamadas para descubrir testaferros, abogados al servicio del Cartel que le permitían luego tener éxitos al DAS.

Con la triangulación efectuada a la llamada de Pablo Escobar el Cuerpo Élite sitúa un francotirador de "Los Pepes" quien es el que mata a Pablo Escobar cuando Pablo trata de huir por el techo; el francotirador le dispara y le da en la cabeza a Pablo con el único tiro que lo mata; o sea que Pablo no registró más tiros en su cuerpo y el otro tiro se lo pega después un policía a Pablo en la pierna cuando él ya había caído herido de muerte. El tiro mortal, tal como se comprobó, fue un proyectil de fusil en el cráneo. Esa fue la vencida. Matar a Pablo costó mucho dinero.

Pero quien iba a pensar en ese momento de euforia del Cartel de Cali por haber sido dado de baja su mortal enemigo, que a partir de allí la muerte de Pablo fue la desgracia de los Rodríguez Orejuela, pues ahí se inició la persecución contra nosotros, porque todo ese Cuerpo Élite de la Policía se vino para el Valle del Cauca. La muerte de Pablo nos perjudicó a nosotros, ahí es el principio del fin del Cartel del Valle del Cauca.

Otra ironía final de Pablo Escobar fue con Carlos Castaño, quien era al comienzo allegado a Pablo y le conocía su finca, su casa, sus propiedades y su gente. Cuando los Castaño se volvieron en su contra le empiezan a matar la gente. Pablo no tenía donde esconderse, le mataron gente que le colaboraba con sus escondites, él se siente diezmado. Él muere sólo, como un apartamentero, como un vil ladrón y hasta presuntos familiares de él están vendiendo sus dientes por Internet; y les dieron 70.000 dólares por la filmación de su exhumación, y les han ofrecido 100.000 dólares por los dientes que los tiene Urquijo quien le quitó los dos dientes a Pablo Escobar.

EL CARTEL Y LA CONSTITUYENTE

El manejo que dio mi padre en esa instancia de la Constituyente fue la de lograr mayoría de representantes para que fueran miembros de esta Constituyente, mi papá no estaba solo en esta tarea, Pablo Escobar también tenía miedo de la extradición y en general los miembros del Cartel de Medellín le temían al fenómeno de la extradición. Habían varios narcotraficantes interesados en lograr eso porque ya veían que los Estados Unidos estaban detrás de ellos. Ya había ciertas investigaciones corriendo y existía cierta debilidad en la política gubernamental a propósito de la extradición, ellos veían que ahí tenían una herramienta para extraditarlos. En cualquier momento los americanos llegaban a Colombia con las pruebas en contra de ellos y en un instante estaban enjaulados en las cárceles gringas.

Ese momento entre los Carteles de Medellín y Cali es histórico, porque es sin lugar a dudas en uno de los pocos momentos en que se unen para trabajar en una sola causa. Pablo Escobar dio un paso al costado frente a su guerra en contra del Cartel de Cali y se une a la tarea y al propósito de impedir por medio de la Constituyente la temida extradición.

El Cartel de Medellín trabajó los constituyentes que representaban a Antioquia, la Costa Atlántica y Chocó y el Cartel de Cali, manejó el Valle, Cauca, se manejaron influencias en Bogotá, con el propósito de reunir el mayor número de personas con aspiraciones políticas que pudieran llegar a ser constituyentes. Los Carteles financiaron esas campañas y lograron elegir a una gran mayoría de constituyentes, quedando ellos con un voto casi único en el seno de la propia Constituyente. La primera tarea que hicieron los constituyentes comprados, fue tumbar esa medida de extradición y con ello los carteles de Medellín y Cali, en medio de la tregua triunfaron en un propósito común que era quedar blindados mediante la Carta Magna contra la extradición.

Cada Cartel tenía sus propios emisavisitabarios en la Constituyente, hoy varios ya murieron recuerdo al abogado Armando Holguín Sarria, mi padrino de bautizo y hombre de confianza de mi padre, él fue uno de los emisarios del Cartel Cali.

LOS RODRIGUEZ OREJUELA DEFIENDEN A LA ESPOSA DE PABLO, "LA TATA"

El Cartel de Cali es el que defiende a María Victoria, la esposa hoy viuda de Pablo Escobar, a su hija Manuela y a Juan Pablo porque ellos se van para Cali y son custodiados por Gilberto y Miguel Rodríguez Orejuela para que los testaferros no los maten, ella llama a mi papá para que la cuidara, el no dejó que la mataran y que le quitaran mas cosas. Ella fue cuidada en Cali por ellos hasta que se fue a vivir para Argentina, ese hecho es relevante, mi papá la cuidó a ella para que los testaferros y "Los Pepes" no la mataran. Ella tenía los teléfonos de mi papá, ellos una vez en el año 1988, 1989 estuvieron en una fiesta con nosotros, Pablo era el dueño de Miami y Los Ángeles y mi papá y "Chepe" Santacruz de Nueva York esas plazas se respetaban. Pablo incumplió eso y por eso vino la guerra, ellos se respetaban, Jorge Luis Ochoa también era amigo de ellos a los Ochoa los presiona Pablo Escobar quién les dice que con quién están, si con los de Cali o con él. Ellos deciden entregarse porque creen que Pablo los va a matar mas por presión, a Jorge Luis lo cogen en ese porche a la entrada de Cali, él iba a reuniones con mi papá, entonces Pablo los amenaza y ellos se entregan.

LA RAZÓN DE "TIROFIJO"

Un emisario del famoso guerrillero de las Farc, Manuel Marulanda Vélez, alias "Tirofijo" le dice por teléfono a mi papá que "Tirofijo" le solicita que vaya a verlo, que él le tenía una razón, mi padre se niega a asistir a dicha cita, "Tirofijo" le manda a decir que se podían ver en un departamento del sur de Colombia, mi papá le dice que él no necesita ayuda de nadie, que es un hombre libre y que ya pagó sus penas. La razón era que los gringos le tenían montado todo el andamiaje para llevárselo, que eso ya lo sabia Marulanda. Si mi papá hubiese acudido a esa cita, se hubiera escondido de una vez y hoy la historia sería otra.

EL PODER ES UN VICIO

El narcotráfico no se acaba sino cuando la persona se muere porque el poder es un vicio, el poder llama, entonces se empieza a acabar la plata y se pierden los amigos, se pierden los políticos amigos los que usted podía tenerlos al lado y a esas personas toca darles regalos como a una novia, mi papá y mi tío tenían una competencia a ver cual de ellos tenía mas amigos famosos, ellos se peleaban eso a ver quien era el que tenia mejores contactos, mi papá en eso era un zorro.

Los Rodríguez Orejuela tenían un contrapunteo por tener los carros mas bonitos o tener la mujer mas bonita, entonces no escatimaban en plata, ni en buscar los contactos para hacerles ese ofrecimiento. Ellos crearon las prepago, fue una cultura, ellos donaban, regalaban, en el año 1996 inicia la cultura del prepago en Cali las mujeres quedaron "sueltas" después del Cartel de Cali, y tuvieron que seguir haciendo esta actividad porque habían quedado mal acostumbradas. Ahí aprovechó mucha gente que no había podido conocer a una modelo, pero ya hay precios mas económicos porque los que pagaban caro estaban presos, antes las llamaban y les daban 20 ó 30 millones y les decían no se pongan a hacer eso con otros hombres, usted es para mi solito a cambio de millonarias sumas y lo que necesite yo se lo doy entonces la mujer no vagabundeaba más y se estaba con el tipo. En las fiestas de ellos a nosotros no nos dejaban entrar, no eran bacanales, eran mujeres normales *que se iban con ellos en la intimidad, iban reinas, actrices. A Aura Cristina Geitner, la conocí en una fiesta de nosotros, iba Andrea Guzmán, la que le dicen la 'jirafa' de Betty La Fea, la secretaria de Betty La Fea, aquí hay un sitio en Bogotá en la calle 116 al lado de Pizza Factory, ahí en el catálogo le muestran las actrices vigentes y el precio y si usted la necesita se la consiguen, es con membresía.*

LA FORTUNA DE MI PADRE

Yo puedo pensar que en algún momento dado mi padre tenía 4.000 millones de dólares y mi tío Miguel era un hombre de 2.000 millones de dólares, pues estaba como el segundo al mando y lo secundaba en todos los negocios. Al inicio era como como un empleado de mi papá hasta el año 1986 cuando él, en ese año, toma las riendas del Cartel de Cali porque a mi papá lo acababan de capturar España en el año 1985.

Mi tío se traslada a Bogotá y se instala en la suite presidencial del Hotel Tequendama y vive en esa suite un año 'larguito', que es lo que dura mi padre preso en España. En esa época mi tío conoce a todos los políticos y a todos los abogados que luego le ayudaron.

Adentro en la cárcel yo viví en carne propia como se puede derrumbar un imperio que, supuestamente, era el más poderoso del país. El narcotráfico fue algo consentido por el Gobierno colombiano y es consentido por el Gobierno norteamericano o sea en Colombia la lucha no será fructífera hasta que el Gobierno americano no se quite esa venda que tiene en los ojos y admita que sin esos consumidores de allá la droga no existiría; o sea los gringos cogen algunos, pero dejan que entren la droga porque allá se les puede volver un problema nacional donde la droga no llegue y donde la gente consumidora desesperada empiece incluso a robar y hasta matar por conseguir droga para consumirla.

Lo que los gringos no quieren es perder el gigantesco volumen de dinero que mueve la droga, y por eso a ellos lo que les duele es que los narcotraficantes colombianos les saquen el dinero para llevarselos a su países.

Si los norteamericanos realmente quisieran parar de una vez por todas el tráfico vía marítima o aérea con su poderío naval y sus grandes radares de los portaaviones que detectan un insecto a 30 kilómetros, no habría lancha rápida, ni avión que pudiese pasar llevando droga.

¿GILBERTO RODRÍGUEZ OREJUELA FUE UN HOMBRE FELIZ?

Yo creo que mi padre tuvo una época muy feliz, eso fue entre finales de los años 70 y finales de los años 80: fue una década con negocios sobresalientes en el narcotráfico, creó Drogas La Rebaja, creó todo el imperio económico, tuvo mujeres muy bellas, se reunía con grandes personalidades, comía caviar, tomaba whisky, champaña, lo que quiso lo tuvo en su manos, disfrutó todo con esplendor...

AUTOR
FERNANDO RODRÍGUEZ MONDRAGÓN
Nació en 1959, estudió en el colegio Fray Damián
González de Cali. Se graduó de subteniente en la
Escuela Militar de Cadetes José María Córdoba.
Estudió en Londres, Miami y París. Es graduado en
Contaduría en la Universidad San Buenaventura. Ha
trabajado en negocios propios, en algunos contó con la ayuda
de su padre, otros por capacidad y fondos
propios.

CO-AUTOR
ANTONIO SÁNCHEZ SÁNCHEZ
es uno de esos periodistas que resulta incómodo
para algunos medios y fuentes oficiales, pero para
quienes saben de periodismo es simplemente un
apasionado de este oficio, al que se ha dedicado
desde que obtuvo su grado en la Facultad de
Comunicación de Inpahu.
Su paso por las redacciones de periódicos como
El Tiempo y *El Meridiano* de Córdoba le han
permitido acumular una amplia experiencia.
Es autor de los siguientes libros:
Las crónicas que no me dejaban contar
Crónicas que da miedo contar
Que conste
Historias que a nadie le gusta publicar, este
último en impresión.